図解 即 戦力

債券の しくみ

これ1冊で

が

しっかりわかる教科書

土屋アセットマネジメント社長

土屋剛俊 監修

技術評論社

ご注意 ご購入・ご利用の前に必ずお読みください

■ 免責

本書に記載された内容は、情報の提供のみを目的としています。し
たがって、本書を用いた運用は、必ずお客様自身の責任と判断に
よって行ってください。これらの情報の運用の結果について、技術
評論社および著者または監修者は、いかなる責任も負いません。

また、本書に記載された情報は、特に断りのない限り、2021年7月
末日現在での情報を元にしています。情報は予告なく変更される場
合があります。

以上の注意事項をご承諾いただいた上で、本書をご利用願います。
これらの注意事項をお読み頂かずにお問い合わせ頂いても、技術評
論社および著者または監修者は対処しかねます。あらかじめご承知
おきください。

■ 商標、登録商標について

本書中に記載されている会社名、団体名、製品名、サービス名など
は、それぞれの会社・団体の商標、登録商標、商品名です。なお、本
文中にTMマーク、®マークは明記しておりません

はじめに

　株式と違って債券は一般の投資家には馴染みが薄く、個人投資家の皆さんの投資対象として考えにくい部分があります。また、債券は難しいというイメージもあるのではないでしょうか。実際に書店で債券関係の本を手に取ってみると、最初の数ページから目が眩むような数式がずらりと並んでいて、とてもじゃないが手に負えないという感じがします。確かに債券という商品をプロ並みに理解しようとすれば非常に高度な数学や金融工学の知識が必要となりますが、一般投資家の方が実際に普通社債や国債に投資をするうえで理解しておかなければならない領域はかなり限られています。

　さらに債券は株式やFXに比べて、「どこでどうやって投資したり売買したりするのか」という具体的な取引方法についても情報が限られており、いわゆる教科書の類もほとんどありません。

　そんななか、そういった問題を解決すべく書かれたのが本書です。本来複雑である債券という商品を難解な数式を避けつつ、わかりやすく一般投資家の目線から書かれています。ただ、わかりやすさを優先させたゆえに細かい点や専門的な内容については省いた部分もあります。本書で基本を学んだあとは次のステップとして是非もう一段上のテキストに挑戦してみてください。

　本書の監修を通して、読者の皆さんが金利や債券の基礎を学び、実際の投資判断に役立てていただくことができれば、それに勝る喜びはありません。

土屋剛俊

CONTENTS

第2章

債券にはどんなものがあるの? _____ 49

CONTENTS

CONTENTS

第4章

債券価格が変わる
理由には何がある? _____ 135

CONTENTS

債券って
なんですか？

ニュースなどで「債券」という言葉は耳にするものの、
実は債券がどういうものかわかっていない……
という人も多いのではないでしょうか。
この章では、債券の商品性や株式との違いなど、
債券の基礎知識について解説します。

01 債券と株式は何が違うの？

債券は、国や企業の借用証書のようなものです。

債券は借金の証書のようなもの

企業が事業をやるための資金が足りないときや、国が歳出のための資金が足りないとき、お金を借りて調達します。その1つの手段が債券の発行です。債券には「買った人に利子を払い、何年何月何日に〇〇円を返します」と書いてあります（いまは電子化されています）。借用証書に近いですが、これを発行して事業資金や歳出のための資金にします。

買った人にとっては、債券は**利子を受け取り、期日に元本を返してもらう権利の証明書**です。比較的簡単に他人に売ることもでき、買った人は権利を譲り受けます。お金と同じ価値がある**有価証券**です。

①銀行から借りる　②債券を発行する　③株式を発行する

▶ 株式会社のA社が新しい商品を開発して売るために5億円が必要な場合、3つの選択肢があります。株式と債券については、特定の投資家に引き受けてもらうことも多いです。

債券は株式に比べて 収支が確実に計算できる

　債券は企業にとっては借金です。基本的に**返済期限があります**。5年、10年の債券が多いようです。一方、株式は会社の資本金を出してもらうので、返済期限はありません。その代わり買った人には株主になってもらいます。

　株主になった人が株式をまたお金に換えたいときは、誰かに売ることになります。いくらで売れるかはそのときの状況しだいです。債券は**発行者から期日に決まった金額が支払われ**、期日まで利子が定期的に支払われます。株主にも業績に応じて配当が支払われますが、企業の方針や業績によって配当が必ずあるとは限りません。

　このように、債券は株式に比べて**利子と将来の収入が確実にわかる**のです。裏返せば、債券の収支が予測を超えることはありません*。**株式は業績によっては株価や配当は青天井で上がる**可能性があります。下がるときは最悪ゼロになります。

▶ 債券のいいところは、決まった利子が定期的にもらえて、期日に決まった金額が返ってくること。つまり、確実に収支が計算できます。株式のいいところは、利益に限りはないところ。

＊信用力の大幅な悪化や倒産等の場合を除きます。

債券で得られるのは
貸したお金に関する権利だけ

　株主は会社のオーナーとよくいわれます。株式を買うと、**企業の経営に参加できる**権利が得られます。株主総会に出て意見をいったり、議決権を行使できます。大株主になると経営方針に口を出し、経営者を変えることもできます。ほかにも株主優待で商品がもらえたり、割引が受けられるなどの特典があります。

　債券には、このような権利や特典はありません。債券を持っていても、基本的に得られるのは**貸したお金を返してもらう権利**だけです。これを債権といいます。同じ読みでも債券と債権は違う意味なので区別してください。

🔽 **債券にはない株式のメリット**

・議決権の行使　　・株主優待　　・配当金

株主総会

株主優待

債券保有者にこれらの権利はない！

▶ 優先株など議決権のない株式もあります。また、配当金は債券では代わりに利子があると考えることもできます。

企業が倒産したとき、
債券は株式より先に弁済される

　債券も株式も、最悪のケースは発行企業の倒産です。よく「紙切れになる」といいますが、企業にお金に変えられる資産が残っ

ていれば、債権者集会を通じて配分が決まり、債権者に弁済されます。このとき**優先されるのは担保付きの貸付（銀行の融資など）で、次に債券***です。株主の出資したお金はそのあとです。

全員の貸したお金が100％返される可能性は低いので、株主までお金が回ることはまずありません。**債券は、残った資産に応じていくらかは戻ってくる可能性があります。**

実際に、企業が倒産寸前で暴落した債券や、倒産した企業の債券を安く買って利益をあげるプロの投資ファンドもあるのです。

🔻 **企業が倒産したときの弁済順位**

最後にまとめましょう。

- **債券は収支（キャッシュフロー）が確実に予測できる**
- **株式は収支が不確実だが、大きく儲かる可能性がある**
- **株式は経営に関わる権利があり、債券はお金の権利のみ**
- **企業が倒産したとき、債券はいくらか戻ってくる場合がある**

同じ有価証券の債券と株式ですが、投資としては異なる性格を持っていることがわかります。

---

*担保なしの普通社債の場合で、担保付債券は担保付きの貸付と同じ弁済順位になります（P.127参照）。

02 債券を買うと どういう得がある?

定期的に利子がもらえて、満期に額面が戻ります。

定期的に利子がもらえる

債券はお金を貸しているのと同じですから、まず預金のように定期的に利子（クーポン）がもらえます。利子は1年に1回か2回のことが多く、そのとき債券を持っている人に支払われます。

利子の割合は債券ごとに違いますが、債券の発行のときに決まっておりずっと変わりません。これを**表面利率**といいます。多くは固定金利ですが、変動金利の債券もあります。満期になるまで、ずっと決まった日に支払われます。

利子は2%、年1回、10年間ずっと支払います!

A社債
額面金額　100万円
利率　年2%
利渡日　毎年x月x日
償還期日　xx年x月x日

満期には必ず額面のお金が支払われる

　貸したお金が戻ってくるのは当たり前、と思うかもしれません。債券がふつうのお金の貸し借りと違うのは、**買った価格ではなく、決まった金額が戻ってくる**ことです。これも債券の発行のときに決まっており、**額面金額**といいます。

　債券は、必ず額面どおりの価格で売り出されるわけではありません。多くの投資家に買ってもらうために、額面より安く売り出されることがあります。すると、**買った価格と額面金額との差額が利益**になります。これを**償還差益**といいます。

　発行価格が額面金額と同じ場合をパー発行、低い場合をアンダーパー発行といいます。日本の債券の多くはパー発行です。額面金額より高く売り出されるオーバーパー発行もあります。この場合は差益でなく差損が発生します。そんな債券を買う人がいるのかと思うかもしれませんが、もらえる利子が償還差損を上回れば投資できる場合もあります。

償還日に額面金額で返す

A社債
額面金額　100万円
利率　年2%
利渡日　毎年x月x日
償還期日　xx年x月x日

購入時に発行価格を払い込む

額面100円あたりの価格

アンダーパー 97.5円	<	パー 100円	<	オーバーパー 101.8円
＝ **償還差益** が得られる				＝ **償還差損** が発生する

債券の利回りは持っている期間で変わる

　満期までの利子と償還差益の合計が債券投資の利益です。それを運用年数で割った**1年あたりの利子収入の購入価格に対する割合を利回り**といいます。利回りで、その債券が1年あたりどれくらい利益（リターン）を生むのかがわかります。債券を満期まで持っていた場合、利回りは次のように計算できます。

利回り（%）＝（利子合計＋償還差益）／年／購入価格×100

　債券はいつでも売買できるので、持っている期間によって利回りは変わります。発行されたあとの債券の売買価格は、売り手と買い手で自由に決められます。発行価格よりも安く買えれば償還差益は増えますし、高く買うと減ります。

　満期を待たずに売ることもできますので、**価格が低いときに買って、高いときに売れば売買差益を得られます**。売買のタイミングによって、3種類の利回りが考えられます。

🔽 **債券の各利回りの違いと利回りの計算式（%）**

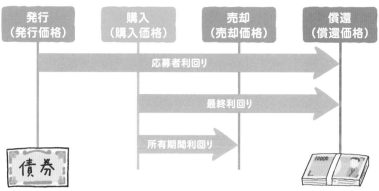

▶ 応募者利回りは発行時に買って償還まで持っていた場合、最終利回りは途中で買って償還まで持っていた場合、所有期間利回りは途中で買って途中で売った場合の利回りです。

● 応募者利回りの計算式

$$応募者利回り(\%) = \frac{表面利率 + \dfrac{額面100円 - 発行価格}{償還期限}}{発行価格} \times 100$$

● 最終利回りの計算式

$$最終利回り(\%) = \frac{表面利率 + \dfrac{額面100円 - 購入価格}{残存期間}}{購入価格} \times 100$$

● 所有期間利回りの計算式

$$所有期間利回り(\%) = \frac{表面利率 + \dfrac{売却価格 - 購入価格}{所有期間}}{購入価格} \times 100$$

試しに、表面利率2%、5年満期、パー発行（額面100円あたり100円）の債券で、利回りを計算してみましょう。なお、債券の**価格は額面100円あたりの価格で表す**のが決まりです。

まず、発行時に買って、満期まで持っていた場合です。
応募者利回り：2%＝((2＋(100−100)／5)／100)×100
発行1年後に99円で買って、満期まで持っていた場合。
最終利回り：2.273%＝((2＋(100−99)／4)／99)×100
発行後に99円で買って、2年半後に100円で売った場合。
所有期間利回り①：2.424%＝((2＋(100−99)/2.5)/99)×100
発行後に99円で買って、3年後に98円で売った場合。
所有期間利回り②：1.684%＝((2＋(98−99)／3)／99)×100

それぞれの計算式をエクセルに入れると簡単に計算できますので、いろいろ試してみてください。

03 債券は誰が発行しているの?

国や公共機関のほか、企業が発行しています。

国が発行する国債は、信用力が最も高い債券

債券の発行者は大きく分けて、公共団体(国、地方自治体)と民間企業があります。それぞれ発行する債券は公共債(国債、地方債)、民間債(社債)と呼ばれ、まとめて**公社債**とも呼ばれます。債券の発行者のことを**発行体**といいます。

国が発行する債券が国債です。日本政府が発行する日本国債はJGB(Japanese Government Bond)と呼ばれます。国が利子の支払いと償還を行うことから、**国内の債券のなかで最も信用力が高い**のが国債です。国債には複数の償還年限*があり、それによって呼び方が分かれています。

目的に応じて、投資家は異なる年限の債券を購入します!

---

*債券の償還期間の別名。

国債の種類を年限別に見ると

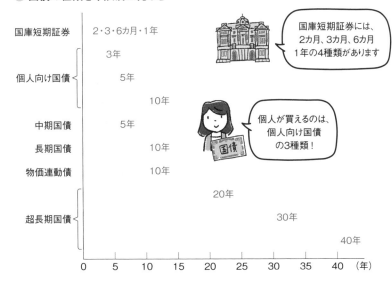

国庫短期証券には、2カ月、3カ月、6カ月1年の4種類があります

個人が買えるのは、個人向け国債の3種類！

▶ 国債は償還年限に応じて呼び方があります。標準的な国債とは性格の異なる物価連動債、個人向け国債もあります。

　2020年の日本国債の発行残高は約1,000兆円あり、年々増加しています。金利の支払いは年間8兆円にのぼります。

国債の残高推移

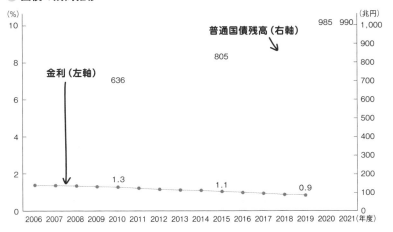

地方が発行する地方債は
決まった目的でしか発行できない

　都道府県や市町村などが発行する債券が地方債です。地方債に対して政府は正式には保証をつけていませんが、政府による財政支援がそれなりにあると認識されています。そのため信用力は国債に準じる高さがあります。

　地方債は公募債と非公募債（銀行等引受債）の2つに分かれます。公募債は、広く一般に募集・販売される債券です。おもに償還年限5年または10年の利付債で、発行する地方自治体の信用力に基づいて発行条件は決まります。非公募債は、発行体と関係の深い地元の銀行を中心に引き受けされる（縁故割当）方式の債券です。

　地方債が発行できるのは5つの場合に法律で限られており、無制限に発行できないようになっていますが、これ以外に特例法があり、人件費などにあてられる赤字地方債（特例債）の発行も事実上認められています。

◉ 地方債の5つの発行目的

②公共性の高い法人に
対する出資や貸付のため

③すでに発行済みの債券の
償還資金調達のために、
新たに発行（借り換え）

①交通事業、
ガス事業、
水道事業などのため

⑤公共施設（学校、保育所、
消防施設、道路など）の
建設事業費や土地の
購入費のため

④災害復旧
のため

▶ 地方財政法第5条で、地方債を発行できる場合は規定されています。

信用力のある企業だけが発行できる社債

　民間企業が発行する債券が社債（民間債）です。特別な条件（弁済時の劣後条件など）のない一般的な社債は、普通社債やSB（ストレートボンド）と呼ばれることもあります。

　債券は一度に多額の資金を調達できますが、発行に手間がかかります。日本にはさまざまな銀行があり、大企業から中小企業までお金を融資してくれます。そのため、社債を発行するのは鉄道会社や電力会社など、**多額の設備投資を必要とする大手企業が中心**です。

　日本で社債を発行できるのは実質的に上場企業に限られていますが、海外、とくにアメリカでは日本より銀行の融資がカバーする範囲は狭く、社債発行市場のすそ野も広いため、さまざまな企業が社債を発行して資金調達を行っています。

⬇ 社債の発行は銀行融資よりも手間がかかる

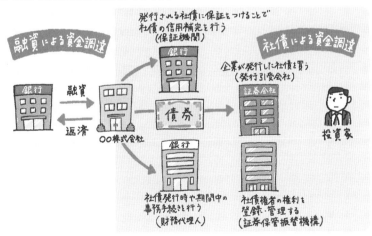

▶ 銀行の審査が通れば資金を調達できる融資とは異なり、債券発行にはさまざまな企業が関わってきます。そのため手間がかかるのです。

04 債券は株式より確実に儲かるの？

最悪の場合は元本が戻ってこないこともあります。

発行体が存続していれば投資金額以上が回収できる

債券の保有者には、償還日まで定期的に利子が支払われ、償還日に額面金額が支払われます。誰が支払うかというと債券の発行体ですから、**発行体が償還日まで存続している限り**、投資した金額を下回ることはないのが債券です（仕組債など特殊な債券は除きます）。

金融商品ではよく「リスク」という言葉が使われます。投資における**リスクとは結果の不確実性、つまり損益の振れ幅の大きさを**意味しています。

投資の儲け（収益）を「リターン」といいますが、主要な金融商品のリスクとリターンの関係を示すと、右ページの図のようになります。

金融商品のリスクとリターンは相関しています。ローリスクでハイリターンの商品は存在しません。見るとわかるように、債券は株式などに比べるとリスクが低い＝確実性が高いといえます。

これはあくまで一般論で、比較する銘柄によっては成り立たない場合もあります。

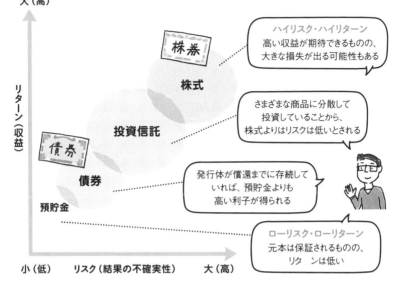

おもな金融商品のリスクとリターン

大（高）

リターン（収益）

株券

株式

投資信託

債券

債券

預貯金

小（低）　リスク（結果の不確実性）　大（高）

ハイリスク・ハイリターン
高い収益が期待できるものの、
大きな損失が出る可能性もある

さまざまな商品に分散して
投資していることから、
株式よりはリスクは低いとされる

発行体が償還までに存続して
いれば、預貯金よりも
高い利子が得られる

ローリスク・ローリターン
元本は保証されるものの、
リターンは低い

債券の最大のリスクは デフォルト（債務不履行）になること

　金融商品のなかではリスクが低いといっても、債券にリスクが
ないわけではありません。最大のリスクは、債券の発行体の財務
状況が悪化して、利払いや償還が不能になることです。これを**デ
フォルト（債務不履行）**といいます。

　デフォルトリスクは発行体の信用力の低さゆえ、**信用リスク**と
もいいます。債券がデフォルトすると、投資家は利子を得られな
いだけでなく、元本の多くを失うことになります。

　国内で社債を発行するのはほぼ大手企業ですが、過去に発行体
企業が破綻して**社債がデフォルトとなったケースは複数あります。**
企業が破綻すると、法律に従って債権者に借金を返す弁済義務が
あります。残った資産額により弁済率はさまざまです。2010年

以降、国内でデフォルトした社債の弁済率（債権者にとっての回収率）を見てみましょう。

▼ **2010年以降にデフォルトした社債の弁済率**[*1]

	企業名	社債残存額 （億円）	債務弁済率 （債権回収率）
2010年 1月19日	日本航空	470	12.5%
2010年 2月18日	ウィルコム	350	13.3% （1,000万円まで100%）
2010年 9月28日	武富士	926	3.3% （※第1回弁済）
2012年 2月27日	エルピーダメモリ	450	17.4% （※7年間の分割）
2017年 6月26日	タカタ	300	1% （50万円まで100%）

▶ エアバッグ事故の賠償金で破綻したタカタは、社債残存額300億円で、自動車メーカーを除く一般
債権者への弁済率はわずか1%でした。

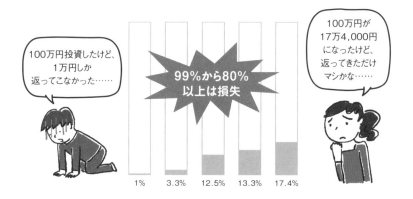

最も高い弁済率は17.4％で、最低は１％です。エルピーダメモリ破綻の例では、債務のうち普通社債が450億円（ほかに新株予

---

*1：https://www.daiwatv.jp/contents/epre/kouen/ondemand/_2 00709/
seminar005/download/21369-005.pdfをもとに作成。

約権付社債が935億円)ありました。デフォルトになると元本の多くは戻ってこないのが現実です。

国債は国内債券では最もリスクが低く、社債はそれよりリスクが高い

日本国債は戦前を含めて償還されなかったことはありません。近代日本が明治維新で成立して以降、日本政府は数多くの国債を発行してきましたが、第二次世界大戦の時期に発行した国債も最終的にすべて償還されています[*2]。

地方債についても同様で、2007年に北海道の夕張市が事実上財政破綻した際も、国の管理下で北海道庁からの資金支援も得て財政再建を目指すことになり、夕張市債のデフォルトは回避されています。

信用リスクがほぼない日本国債に対し、**国内で発行される地方債や社債は発行体によって信用リスクが上がります。**国債を最低に、債券のリスクは次のようになります。

🔽 **債券のリスクの高さ＝金利の高さの比較**

 国債　<　地方債　<　社債

信用リスクが高いほど、投資家に買ってもらうために債券の金利は高く設定されます。社債や地方債の金利は、最も安全な**国債の金利を基準にして発行体の信用リスクの高さ**を上乗せして決められています(P.114参照)。

---

*2:実質的な意味では、1942年や1946年の国債の利払いの遅延はデフォルトである、という意見もあります。

05 どんな債券なら安心して投資できる?

債券の信用格付けを参考にしてみましょう。

━ 債券の信用力をランクづけする信用格付け

債券の信用リスクを、専門的な知識を持つ格付会社が、客観的に表したものを**信用格付け**(以下、**格付け**)といいます。格付けには、企業や国・自治体などの債券発行体を格付けする**発行体格付け**と、個別の債券を格付けする**個別格付け(債券格付け)**があります。

発行体格付けは、発行体の債務全体に対する返済可能性に対して行われるため、発行体につき1つの格付けとなります。一方、個別格付けは、債券ごとに回収リスクが検討されるため、同じ発行体であっても異なる格付けになることがあります。

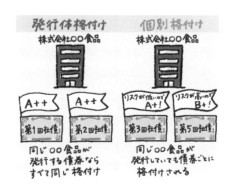

おもな格付会社と格付け記号の読み方

　格付機関は**公的機関ではなく民間企業**です。日本では、格付投資情報センター（R&I）、日本格付研究所（JCR）、ムーディーズ、S&Pグローバル・レーティングの4社の格付けが有名で、よく投資の際の参考にされます。格付会社は、発行体の財務リスクと事業リスクを中心に各社独自の手法で分析を行い、格付けを行っています。

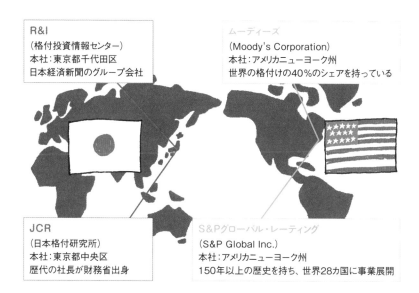

R&I
（格付投資情報センター）
本社：東京都千代田区
日本経済新聞のグループ会社

ムーディーズ
（Moody's Corporation）
本社：アメリカニューヨーク州
世界の格付けの40％のシェアを持っている

JCR
（日本格付研究所）
本社：東京都中央区
歴代の社長が財務省出身

S&Pグローバル・レーティング
（S&P Global Inc.）
本社：アメリカニューヨーク州
150年以上の歴史を持ち、世界28カ国に事業展開

　格付けの表し方は各社とも似ていて、アルファベットのAからDまでの組み合わせで表現します。格付けの等級は最高がAAA（トリプルエー）で、下がるほどリスクが高い債券になります。
　BBB（トリプルビー）までの上位の債券は、**投資適格債**と呼ばれ、信用力（＝返済可能性、安全性）が高いとされます。一方、BB（ダブルビー）以下の下位の債券は、信用力が低いとされ、**投資不適格債**や**投機的格付債**、**ハイイールド債**、**ジャンク債**と呼ばれます。

	ムーディーズ	S&P	R&I	JCR	
投資適格	Aaa	AAA	AAA	AAA	高
	Aa	AA	AA	AA	
	A	A	A	A	
	Baa	BBB	BBB	BBB	**信用力**
	Ba	BB	BB	BB	
	B	B	B	B	
投資不適格	Caa	CCC	CCC	CCC	低
	Ca	CC	CC	CC	
	C	C	---	C	
	---	D	C	D	

▶ アルファベット表記に加えカテゴリーごとにプラス、フラット、マイナスとさらに3段階に分類されます。たとえばAA＋（ダブルエープラス）、AA（ダブルエー）、AA－（ダブルエーマイナス）などと表記されます。

　実は、債券の発行を行う企業などは、基本的に**一定の費用を格付会社に支払って格付けをしてもらっています**。高い格付け評価を得られれば、信用力が高いと投資家に思われるので、発行体は低い金利で債券を発行する（低コストで資金調達する）ことができるからです。

　格付けは、基本的に**発行体の信用力が悪化すると引き下げられ、信用力が向上すると引き上げられ**ます。

格付けBB以下は 本当に投資してはいけないのか

　BB以下の債券はBBB以上の格付けの債券に比べて、投資資金を回収できないリスクが高くなりますが、見返りに高い利率をつけて発行されます。高利回りを狙う投資家には魅力的なため、海外では人気のある金融商品です。

　日本ではA格以上でないと買わない機関投資家や銀行が多く、また保有する債券の格付けがBB以下になったら、デフォルトリスクを回避するために社内ルールで売却する決まりになっている場合も多くあります。そのため、国内では**BB格以下の債券はほとんど発行されません。**

　アメリカではジャンク債の市場がきちんと整備されており、設立直後の企業、競争や変動の激しい分野の企業などの債券は、BB以下でも発行され、取引されます。こういった債券は日本でも証券会社を通じて購入できます。

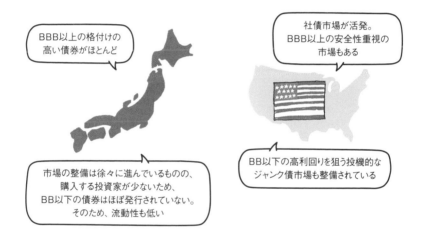

BBB以上の格付けの高い債券がほとんど

市場の整備は徐々に進んでいるものの、購入する投資家が少ないため、BB以下の債券はほぼ発行されていない。そのため、流動性も低い

社債市場が活発。BBB以上の安全性重視の市場もある

BB以下の高利回りを狙う投機的なジャンク債市場も整備されている

　発行体や債券自身のリスクを把握したうえで、自分の目標とする利回りを求めて投資を行うなら、格付けBB以下の債券も投資対象になるといえるでしょう。

06 債券にはどんなリスクがあるの?

信用リスクのほか、流動性リスク、
価格変動リスクがあります。

信用リスクのほかにも 債券のリスクはある

　債券投資のリスクにはP.25で説明した**信用リスク**（デフォルトリスク）のほかにも、売りたいときに売れないという**流動性リスク**と、債券価格が下がって売買差損が生じる**価格変動リスク**があります。

　外国の債券に投資する場合は、さらに為替リスクやカントリーリスクも考慮する必要があります（P.64参照）。

　信用リスクを判断する参考になるのが信用格付け（P.28）です。

　リスクを判断する最も**普遍的な指標は金利の高さ**です。債券という金融商品分野のなかでも、各債券のリスクとリターンは相関します。ですから、**リスクが高い債券ほどリターンが高く**設定されます。

債券の場合、表面利率の高い債券ほど
リスクが高いことは確かなのです。

債券の分類におけるリスクとリターンの相関

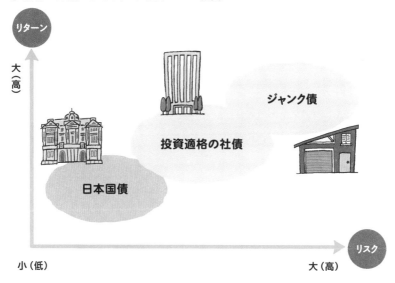

リターン

大（高）

ジャンク債

投資適格の社債

日本国債

リスク

小（低）　　　　　　　　　　　　　　大（高）

▶ 債券だけのリスクとリターンで見ると、最も低いのが日本国債、投資適格の社債、BB以下の社債と高くなります。

流動性リスクは
換金したいときに売れないこと

　流動性リスクとは、**買いたいときに買えて・売りたいときに売れるかどうか**です。いつでも売買ができることを「流動性が高い」、その逆を「流動性が低い」といいます。

　流動性の高さは、その債券が市場で活発に取引されていることを意味します。債券市場で、流動性が高い代表的な債券は年限10年の国債です。取引量が多いため、投資家は売りたいときに低い取引コストでいつでも売ることができます。

　一方で信用力の大きく低下した企業の社債の場合、売買自体がほとんど行われていないことが多く、投資家は売りたいときに売ることができるとは限りません。

● 流動性と流動性リスク

取引量が多い
=買い手も売り手もたくさんいるため
　取引が成立しやすい

流動性が高い

国債　国債
国債　国債　国債

債券を買いたい！

債券を買いたい！

債券を売りたい！

債券を売りたい！

取引量が少ない
=買い手と売り手が少ないので
　希望の単価や価格で
　売却できないことがある

流動性が低い

社債

N社の社債を1億売りたい！

T社なら2億ほしいけどN社はいらないわ

取引の不成立

　償還まで待つなら、流動性リスクは気にする必要はありません
が、途中での売買差益を狙う場合、価格が上がっても買い手がい
なければ現金化できません。流動性の低い債券は短期的な投資に
は向いていないのです。

　また、投資金額が大きいほど、買える投資家も限られることに
なり、流動性リスクは大きくなります。日米国債など取引量の多
い債券ではあまり意識されませんが、取引量が少ない債券では流
動性リスクについて考えることが大切です。

途中で売りたいときに発生する価格変動リスク

　債券は基本的には**金利水準と発行体の財務状況が大きく変わら
ない限り価値は変動しません**。しかし、発行体の財務状態が悪く

なると、デフォルトを心配して売ろうとする人が多くなります。すると価格が下がります。そんな状況に面して不安になり**売ってしまうと、値下がりした分が損失**となります。これが価格変動リスクです。

　発行時は高い信用力のあった債券でも、発行体やそれを取り巻く環境の変化など、複数の要因で信用リスクが高くなる可能性があります。そのとき、損切りをしてしまうのか、持ち続けて償還を待つのか、投資家は判断を迫られることになります。

　償還日がくれば満額もらえ、もしデフォルトしても弁済がゼロとは限らないのが債券ですので、暴落した価格と比較することになります。

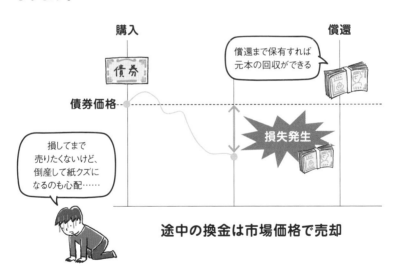

購入　　　　　　　　　償還

償還まで保有すれば
元本の回収ができる

債券価格

損失発生

損してまで
売りたくないけど、
倒産して紙クズに
なるのも心配……

途中の換金は市場価格で売却

07 債券にもインサイダー取引などの罰則がある?

 株式と同じように金融商品取引法が適用されます。

債券の取引は金融商品取引法で規定されている

債券や株式をはじめとする金融商品は、**金融商品取引法（金商法）**で取引ルールが定められています。金融商品の取引に関わる金融機関、そして投資家もこの法律を遵守する必要があります。金融商品取引法は**投資家保護と透明で公正な市場作り**のため、2007年に証券取引法を母体に改正されてできました。以下のような大きく4つの特徴があります。

①金融商品を横断的にカバー

株式や債券から先物やオプションまで、金融商品によってバラバラだった法体系を幅広く横断的にまとめて規制しました。

②金融商品取引業者の登録制導入

金融商品の取り扱いを行う事業者等は、「金融商品取引業者」として金融庁に登録が必要になりました。

活動するなら事前に登録してね!

③投資家の保護

投資家を保護するため、金融商品取引業者に対するさまざまな規制（プロの投資家には規制を一部緩和）をしました。

④勧誘・販売のルール化

強引な勧誘の禁止、取引前後の書面交付義務、損失補てんの禁止など、金融商品取引業者が顧客に勧誘・販売する際のルール化をしました。

絶対に儲かります！

インサイダー取引は株式だけでなく社債にも適用される

インサイダー取引とは、上場会社の内部者情報を知ることができる立場にある会社役員や社員、そのほかの関係者が、その立場を利用して**会社の重要な内部情報（重要事実）を知り、その情報が公表されるまえに、その会社の株式や債券などを売買する行為**のことです。一般の投資家との不公平が生じ、証券市場の公正性・健全性が損なわれるため、金融商品取引法（第166条、167条）で禁止されています。

インサイダー取引の規制対象は「特定有価証券等」と「関連有価証券」で、債券では**社債が特定有価証券に該当します**（転換社債型新株予約権付社債も特定有価証券です）。

社債の売買においてインサイダー取引に該当する「重要事実」は、株式に比べて限定されています。社債の償還に影響をおよぼす事実が該当します。

▼ 社債取引における重要事実の4つ

解散
（合併によるものを除く）

企業自身による
破産・再生・更生
手続き開始の申し立て

債権者等による
破産・再生・更生手続き
開始、企業担保実行の申し立て・通告

手形・小切手の不渡り
（資金不足による）

▶ 社債取引に関わる「重要事実」は、法第166条6項6号と「有価証券の取引等の規制に関する内閣府令」第58条で定められています。

自分で取引するだけでなく 情報伝達と取引推奨も禁止

2013年の改正で、重要事項を他人に伝達する「情報伝達」に加え、これに基づいて「取引推奨」する行為も禁止されました。重要事実を知った会社関係者が、その公表前に**利益を得させる目的で他人に金融商品の売買をすすめる行為**です。

2020年12月には株式会社ドンキホーテホールディングス[*1]前社長が金融商品取引法違反（インサイダー取引）容疑で逮捕されましたが、これは金融商品取引法の取引推奨で逮捕される初のケースとなりました。

*1：現・株式会社パン・パシフィック・インターナショナルホールディングス

◉ 情報伝達と取引推奨も禁止

⚊ 取引規制に違反した場合には罰則が適用される

インサイダー取引規制に違反した場合、「**5年以下の懲役若しくは500万円以下の罰金**に処し、又はこれを併科する」と定められています。また、犯罪行為により得た財産は原則、没収・追徴するとされています[2]。

仮にインサイダー取引で1,000万円の社債投資により50万円の利益を得た場合、没収対象になるのは利益の50万円分ではなく、投資した金額1,000万円と取引で得た財産の合計1,050万円です。

企業の社債に投資している場合は、企業の存続についての内部の重要情報を知りうる立場で違法な取引をすると、大きな代償が伴うことを覚えておきましょう。

*2：法第197条の2第13号、法第198条の2。

08 マイナス金利は債券に どんな影響を与えているの?

 長期金利が下がって債券価格が上昇しました。

マイナス金利は民間銀行が 日本銀行に預ける当座預金が対象

よくニュースにのぼるマイナス金利ですが、個人や会社が持つ銀行預金の金利をマイナスにするわけではありません。**民間銀行が日本銀行の当座預金に新たに預ける**場合の金利をマイナスにするものです。日本銀行(日銀)が金融政策決定会合で2016年1月に導入を決定しました。

民間銀行は預金者から集めたお金を、融資や金融商品の取引などで活用していますが、一部は支払準備金(預金者にいつでも払えるお金)として日銀の当座預金口座に預けています。そこからノーリスクで金利収入を得られていたのが、逆に金利をとられることになったのです。

日銀は当座預金に眠っている民間銀行の資金を融資に活用させ、設備投資や消費を促し、**デフレから脱却し景気が回復することを狙っていました**。しかし、マイナス金利は金利全体の引き下げ圧力となって銀行の貸出金利も低下し、結果的に有力な貸出先の少ない地方銀行の経営を圧迫することになりました。

◆ マイナス金利導入の目的

マイナス金利政策によって 長期金利もマイナスになった

　長期金利とは、**1年を超える取引期間のある債券などの金利のこ とです**（1年未満は短期金利）。代表的なものが、毎月新しく発行 される**10年国債の利回り**で、個人向け住宅ローン金利や金融機 関が企業へ融資する際の金利を決定する1つの目安になっていま す。

　銀行は当座預金に預けても損をするため、国債の購入を増やし ました。さらに世界景気の先行き不透明感が強まったため、安全 資産である国債の人気が高まりました。需要が増えたことで、 2016年2月には**国内で初めて10年国債の利回りがマイナスを記 録**します。長期国債の利回りが低下したことで長期金利は低下し ました。

国債は発行されたあとも、市場で活発に売買されます。新しく発行される国債の利回りが下がったことで、すでに発行されている利回りのよい国債の人気は高まり、債券価格は上昇しました。金利が下がると、債券価格は上昇するのです（P.136参照）。

▼ 金利と債券価格の関係

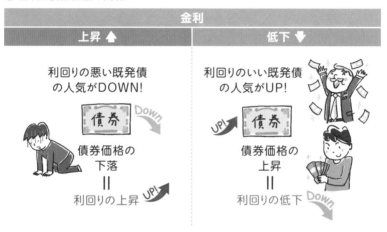

利回りマイナスでも買われる債券バブルの様相に

　現在、新しく発行される10年国債の利回りはマイナス0.060％で推移しています。償還されても元本より少なくなる状態です。それでも債券は買われ続けており、**債券市場はバブルの状態にある**といわれています。長期保有でなく、短期売買で値上り益（キャピタルゲイン）を得ようとするヘッジファンドなどが参入したためといわれています。

　日本では過去にも債券バブルが何度かありました。1990年には債券バブル崩壊と同時に株価も大きく下げて、日本経済は長い低迷期に入りました。

　景気が回復しないまま債券バブルが崩壊すれば、債券価格は下がり金利は上昇します。すると企業の資金調達コストが上がります。その結果、業績が悪化すれば、株価が暴落する可能性もあります。

　日銀は物価上昇率2％を目標とした金融緩和政策を継続しており、低金利は続くものと思われます。欧米ではワクチン接種が進むにつれ経済回復の兆しと、利上げの可能性も見えています。コロナ禍で先行きは見通せませんが、金利の転換点は常に注目しておく必要があります。

🔻 **債券バブルが崩壊したときの影響**

09 世界で最初の債券は何?

現在の債券の原型は12世紀イタリアといわれます。

中世イタリアで原型が生まれ
イギリスで現在に近いしくみが成立

いまや日本経済に欠かせない債券ですが、そのしくみはいつできたのでしょうか。古くは戦費調達ためのローマ帝国の軍事公債が起源ともいわれますが、現在の債券の原型は12世紀イタリア各地に成立した都市国家で生まれました。株式が発明されたとされる17世紀よりもずっと前です。

当時のヨーロッパの国王たちは、国の運営資金が不足すると交易で富を蓄積した商人から資金を借りていました。しかし、王位が代わると返却されないことが多く、これでは誰も国王に貸して

くれなくなるため、政府や議会などの組織が返済を約束する形で貸付債券を発行し、商人などに売るという方法が編み出されました。なかでも東地中海の強国ベネチア共和国の貸付債券は信用度が高く、**市場価格が形成されるなど現在の債券取引の原型が形作られ**ました。

　16世紀には「太陽の沈まぬ国」スペインが隆盛を極め、その財産を管理したのがベネチアのライバル、ジェノバです。ジェノバではルオーギ債と呼ばれる償還期限がない債券が発行されます。これは税金の徴収権（徴税権）を担保にして、税金の徴収額に応じて利子が変動するしくみでした。

　次に隆盛を迎えたオランダでは、交易を通じて蓄積された富をもとに、政府が発行する国債を個人投資家が購入する流れが成立し、**国債の管理制度が整備**されます。

💧 **債券発達の歴史**

5 現在に近い債券市場の開花
④ 国債の管理制度の設備
③ スペインの財産を管理　ルオーギ債の発行
② 貸付債券の発展
1 債券の起源

イギリス
オランダ
ジェノバ
ベネチア
ローマ

　その後ヨーロッパの覇権を握ったイギリスでは、1692年に恒久的な税金（酒類に対する物品税）を担保に国債が発行されます。**1694年に国債発行支援を目的にイングランド銀行が設立**され、1706年には単独で国債の管理を引き受けます。**国債を担保に貸**

付を行い、**国債の現金化に対応する**など流動性が確保され、現在に近い債券市場が花開きました。

近代日本の最初の債券は
ロンドンで発行されたポンド建て外債

　日本では、明治維新後の1870年にはじめての国債が発行されます。「九分利付外国公債」と呼ばれ、**鉄道建設を目的として当時世界最大の経済大国だったイギリスのポンド建て**で発行されました。オリエンタル銀行を発行代理店として、ロンドン証券取引所で公募により販売されました。

　この国債は関税収入を担保に、年利9％、発行額は100万ポンド、償還期間は13年でした。1882年に償還され、日本政府は近代債券市場に仲間入りを果たしました。

🔻 **日本最初の国債は鉄道建設のため**

社債の発展はアメリカの鉄道敷設、
日本は社債よりも間接金融が中心に

　近代国家が成立する過程で、民間企業が発行する債券、いわゆ

る社債の市場が最も発達した国はアメリカです。1820年頃から社債の発行が始まったといわれます。

　1850年以降の鉄道建設ブーム時には、社債発行で調達された資金により多数の鉄道建設が行われました。アメリカの社債市場の発達は、鉄道建設の歴史を抜きに語ることはできません。

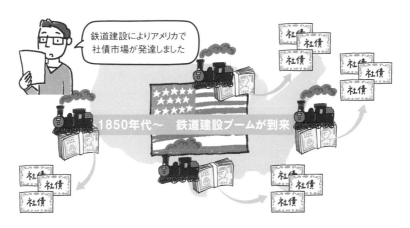

　日本では、第一次世界大戦以降に社債市場が急速に発展します。しかし、1929年の世界恐慌と続く昭和恐慌で多くの社債がデフォルトします。

　社債市場の信頼性を高めるため、1930年代はじめに**無担保社債の発行を禁止する「社債浄化運動」**が起こります。担保付きの社債と軍需関係企業の社債が市場の8割以上を占めるようになり、それ以外の企業は銀行の融資中心で資金調達するという日本の金融システムができたのです。

　1993年までは社債発行の発行額が制限されており、発行するための基準（適債基準）、発行後の財務上の制限（財務制限条項）なども厳格でした。順次規制の緩和が進み、**1996年に適債基準・財務制限条項が撤廃**され、すべての法人企業が社債を発行できる環境が整いました。

Column 1

債券は電子化されて
ペーパーレスになっている

　かつて債券や株券は紙ベースの券面で取引されていました。しかし、紙の券面は紛失や偽造といったトラブルがつきまといます。投資家が利子や元本の受け取りをうっかり忘れてしまうこともよくあったようです。金融機関にとっては管理の手間や保管のコストが負担になっていました。

　こういった問題を解決するために、債券では2003年1月の国債を皮切りに、2003年3月に短期社債、2006年1月には一般債（社債・地方債など）とペーパーレス化が順次進みました。現在はすべての金融商品が電子化されています。

　2006年1月10日に、証券保管振替機構により「一般債振替制度」が導入されました。これは、社債、地方債、特別法人債、円建て外債などの権利移転を完全にペーパーレス化するためにできた決済制度です。

　システム上に債券保有者ごとの口座が用意され、名義や保有債券、利子、額面金額、期日などの情報はすべて電子データで記録され、管理されます。債券を購入すれば口座に追加され、売却すれば口座から削除されるしくみです。

　これにより多くの取引の自動化が可能になり、取引コストの削減につながりました。さらに、大量の債券の取引もスムーズに処理できるようになり、結果として取引の利便性が高まり、債券市場の活性化にもなりました。

債券には
どんなものがあるの？

第2章

「債券」とひとことでいっても、その商品性は多岐にわたります。
さまざまな債券が発行体や投資家のニーズを叶えるために発行されていますが、
個人投資家が購入できないものもあります。
この章では、代表的な債券の種類と特徴について解説します。

10 国債のほかにどんな債券があるの?

分類の仕方にもより、さまざまな種類があります。

さまざまな公共債とその特徴

公的機関が発行する債券を総称して**公共債**といいます。大きく次の3つに分類できます。

・国債

国が発行する債券です。償還までの期間の長さで、短期債(1年以内)、中期債(1〜5年)、長期債(5〜10年)、超長期債(10年超)に分かれます。

・地方債

地方自治体が発行する債券です。総務省が認めた都道府県や政令指定都市しか公募債は発行できません。

銀行等引受債はどの地方自治体も発行でき、自治体と関係の深い特定の金融機関が引き受けます。2003年までは「縁故債」と呼ばれていました。

ミニ公募債(住民参加型市場公募地方債)は、原則すべての自治体が発行できます(P.58参照)。大半は国債の利回りに上乗せして金利が決められますが、国債金利の低下とともに、発行する団

体数や発行額が減少しています*。

　償還までの期限は3〜10年で、長期保有を好まない高齢者がおもな購買対象なので5年ものが主流です。多くは地域住民に限定して、地銀や信用金庫などで販売されます。窓口のほか、はがきやインターネットで募集され、応募多数の場合は抽選で購入者が決められます。

・政府関係機関債

　政府関係機関が、個々の根拠法に基づき発行する債券です。日本政策金融公庫、国際協力機構、預金保険機構などが発行しています。

　元利金の支払いを政府が保証する**政府保証債**と、政府保証のつかない**財投機関債**に分かれています。

◯ 発行体ごとの公共債の分類

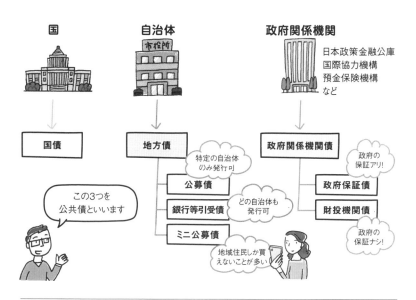

国

自治体

政府関係機関

日本政策金融公庫
国際協力機構
預金保険機構
など

国債

地方債

政府関係機関債

特定の自治体
のみ発行可

政府の
保証アリ!

この3つを
公共債といいます

公募債

政府保証債

銀行等引受債

どの自治体も
発行可

財投機関債

ミニ公募債

政府の
保証ナシ!

地域住民しか買
えないことが多い

---

*2019年度時点で56団体。

— さまざまな民間債とその特徴

民間企業などが発行する債券は**民間債**と呼ばれます。

・社債

民間企業、いわゆる株式会社が発行する債券です。

・金融債

金融機関である**商工中金**（商工組合中央金庫）、**農林中金**（農林中央金庫）、**信金中金**（信金中央金庫）が個別の根拠法に基づき発行する債券です。これら3団体は通常の銀行とは異なり、個人からの預金ではなく、金融債で調達した資金などを元手に事業を手掛けています。

・投資法人債

不動産投資信託（REIT）が発行する債券です。不動産ファンドであるREITは、株式会社の株式に該当する投資証券の発行のみならず、債券である投資法人債の発行をすることでも資金調達を行っています。

・基金債

生命保険相互会社*が発行する債券です。生命保険会社（生保）は自己資本比率を保つことが求められますが、基金債は自己資本に算入できます。生保は高めの金利を払っても基金債を発行するメリットがあり、投資家にとっても高利回りが魅力となります。ただし、基金債は**弁済順位が一般債権者に劣る**ので、発行体の信用リスクには要注意です。

＊生命保険会社には相互会社と株式会社の2つの形態があり、相互会社は現在大手の5社のみです。

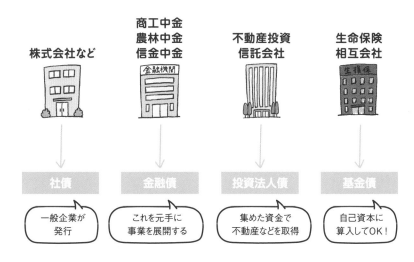

利子がつかない代わりに
額面金額よりも安く販売される割引債

日本で発行される債券はほとんどが利付債ですが、利子がつかない割引債もあります。

・利付債

利付債は一般的な債券のことで、1年や半年に1回など決まった期日に利子が定期的に支払われる債券です。固定利付債は利率が固定されており、**変動利付債は利率が変動する債券**です。

・割引債（ゼロ・クーポン債）

割引債は、債券のメリットともいえる定期的な利子の支払いがないかわりに、安い価格で販売される債券のことです。利子がゼロなので、**ゼロ・クーポン債**とも呼ばれます。

機関投資家向けに発行される国庫短期証券は割引債の一種です。外国債券では、ゼロ・クーポン債は一般的です。ストリップス

債といって、元本と利子を切り離し個別に割引債として販売される債券が代表的です（P.68参照）。

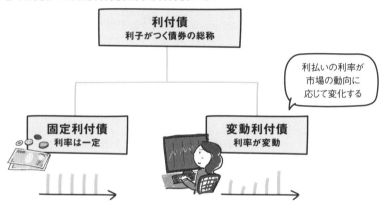

💧 利付債には固定利付債と変動利付債がある

利付債
利子がつく債券の総称

利払いの利率が市場の動向に応じて変化する

固定利付債
利率は一定

変動利付債
利率が変動

一般向けに販売される公募債と特定の顧客が買える私募債

一般向けに販売される債券と、特定顧客向けの債券があります。

・公募債

公募債は**不特定多数の一般投資家に募集を行う債券**です。個人が買える債券は公募債のみです。金融商品取引法では、50人以上の購入見込み先に購入の声がけを行うものが公募とされます。購入者ではなく、"購入見込み先"のところがポイントです。

・私募債

機関投資家など**プロの投資家中心に引き受けが行われる債券**が私募債です。世の中に出回っているほとんどの債券は私募の形式で発行されており、債券市場は私募債で充分な額の資金が調達

されています。

　機関投資家向けでなくても、50人未満の購入見込み先に購入の声がけを行う場合も私募債（少人数私募債）に該当します。

・縁故債

　債券の**発行体と特定の関係にある投資家だけが購入できる債券**です。先に紹介した地方債における銀行等引受債が相当します。発行体と縁の深い地元の地方銀行などが引き受けをするケースが一般的です。

🔻 **公募債と私募債の違い**

公募債
個人でも購入可

私募債
少数の機関投資家に限定して募集

勧誘人数
≧ 50人 ＞

単位：100万円〜
発行条件や財務状況など、詳細な情報開示が必要

単位：1億円〜
情報開示が不要なので、機動的な資金調達が可能

11 個人が買える 債券の種類を教えて?

個人向け国債、新窓販国債、ミニ公募債、
個人向け社債などがあります。

国債は「個人向け国債」のほか 「新窓販国債」もある

国債では、個人向け専用の**個人向け国債**があり、期間と金利の異なる3つから選べます。

- 固定金利型3年債
- 固定金利型5年債
- 変動金利型10年債

いずれも毎月募集されており、投資金額1万円から1万円単位で購入が可能で、購入金額に上限はありません。

金利は、直近の同期間の国債の利回りを基準に一定の計算で低く設定されますが、最低でも**0.05%の金利が保証**されています。ただし、超低金利の近年は、ほとんど下限金利での発行です。

個人向け国債は、**発行から1年経過すると、期間中でも換金ができる**ことが最大のメリットです。直前2回分の各利子×0.79685は差し引かれますが、必ず額面100円で買ってくれるので元本は保証されます。銀行に預けるよりは利回りがよいので、リスクを

取りたくない安定志向の個人投資家には人気があります。

個人が買える国債として、ほかにも**新窓販国債**があります。通常の国債と金利や発行条件は同じで、小口で買える国債です。固定金利で2年、5年、10年があり、5万円から5万円単位で購入できます。こちらは個人だけでなく、法人やマンションの管理組合なども購入することができます。

個人向け国債と違い、**途中で換金したいときは市場価格での売却となる**ため、元本割れのリスクがあります。

🔻 **個人で買える国債の種類**

個人向け国債

固定3年

1万円から投資できるから、ヘソクリをちょっとだけ増やしてみよう

お金を無駄遣いしないために。5年間もので固定させておこう

変動10年

将来的に金利が上がるかもしれないから。変動金利のものを！

購入者は個人のみです！元本保証されてます

新窓販国債

固定2年

固定5年

固定10年

将来的な修繕費を貯めておくためにお金を出し合って購入しよう

マンション管理組合

購入者の制限はありません！途中売却の場合元本割れリスクがあります！

事業目的を明確にした地方債が公募されている

　地方自治体が個人向けに公募する債券（地方債）を買うこともできます。都道府県や政令指定都市が単独で発行し、広く購入者を募る**全国型市場公募地方債（個別債）**と、発行する自治体に住んでいる人や法人のみが購入できる**住民参加型市場公募地方債（ミニ公募債）**があります。

　ミニ公募債はすべての地方自治体が発行可能です。発行目的が明確で、3年債や5年債など期間が短く、発行額は数億円から数十億円と比較的小規模です。公共債の信用力と、**多くの場合国債よりも高い金利が魅力**です。

🔽 **2020年度発行分のミニ公募債の例**

鯖江市第1回公募公債
子育て支援センター設備や
文化センター耐震改修のため
期間5年　利回り0.16%

第18回なごやか市民債
保健センターの設備更新、
学校の整備等のため
期間5年　利回り　0.08%
名古屋市

福島県

第2回ふくしま復興（福島県）
福島の復興・創生に向けた医療従事者の養成・
確保・県立医学大学の新学部の整備等のため
期間5年　利回り0.1%

鯖江市

東京都

東京都公募外債
自転車走行空間の設備や
緑化の推進等のため
期間5年　利回り0.41%

一部企業が公募している個人向け社債

　社債の多くは、額面1億円単位で発行されており、機関投資家しか相手にしていません。しかし、一部の企業は個人向け社債を発行しており、**購入単位が100万円など小口**になっているため、個人投資家でも購入できます。

　たとえば、ソフトバンクグループが発行する個人向け社債があります。2017年発行の第51回社債は利回り2.03％、償還期間7年でした。銀行預金（7年定期）の金利が0.002％なのに比べると1000倍です。発行額3,500億円はすぐに完売しました。

　電力会社が発行する個人向け社債も人気があります。たとえば、関西電力は2019年6月に、利回り0.14％、償還期間3年で、10万円から購入可能の個人向け社債を200億円発行しています。インフラ産業はデフォルトリスクが低いため、こちらも完売しています。

🔽 **個人向け社債の例**

ソフトバンク

利回り2.03％　期間7年　格付けA－（JCR）
100万円〜　発行額3,500億円

インフラ産業は
デフォルトリスクが低い

一般担保付社債*なので、
一般の債権者より優先的
に弁済を受けられる

関西電力

リスクが低い分、
金利は低い

利回り0.14％　期間3年　格付けAA－（JCR）
10万円〜　発行額200億円

電力会社が発行する社債や大手の
優良企業が発行する社債は、格付けが高いものが
多いです。その分金利は低めに設定されています

社債の利回りは償還期間、企業の信用リスク、
担保のあり・なしなどで変わります。
投資方針に応じて選びましょう

*P.127参照

12 企業に投資するために債券を買いたい!

その企業の社債の取り扱いがあるか
証券会社に問い合わせましょう。

企業が事業資金を調達する手段の1つが社債の発行

　企業の資金調達には、株式発行、社債発行、銀行借入（融資）の
おもに3つの手段があり、株式や債券を発行し投資家に買っても
らう方法を**直接金融**といいます。投資家は、応援したい企業を選
んで資金を直接提供できます。

　このうち株式は、企業が出資金を返さなくてよいですが、株主
が企業経営にものを言う権利があります。銀行借入の場合は、決
定権は銀行にあり、使途や財務状況に応じて銀行が金額や金利を
決め、企業が使途以外に使うと罰則を受ける場合もあります。**社
債は、金利などの条件を企業が設定でき、資金使途は「事業資金」
などが一般的**です。条件が投資家に受け入れられれば、発行する
ことができます。

　株式や社債で資金調達するには、企業の価値を投資家にアピー
ルするIR活動[1]に手間、費用がかかりますが、投資家と企業が直接
つながることは両者にとって魅力です。

---

*1：Investor Relationsの略。投資家に向けて企業理念や事業実績など投資を促す情報を、企業
　広告やウェブサイトを通じて発信する活動。

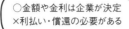 **直接金融と間接金融**

○金額や金利は企業が決定
×利払い・償還の必要がある

○出資金を返す必要がない
×経営に口出しされる

○調達資金を自由に使える
×発行に手間がかかる
×IR活動が必要

○利回りが高い
○投資先を自分で選べる
×損失は自分が負う

証券市場

投資　**直接金融**

企業など

預金者　投資家

間接金融

×使途が限定される
×融資条件は銀行しだい
○手続きは簡単

融資　預金

×利回りが低い
×預金の融資先は選べない
○元本割れはない

金融機関

▶ 直接金融に対し、融資は銀行が預金者から預かったお金を企業に貸し出しています。これを間接金融といいます。

━ 債券の取引はほぼ店頭取引で行われる

あなたが社債を買って企業に投資したいと思った場合、社債は株式とは違って証券取引所では取引されていません*2。社債は、投資家と社債を扱う証券会社のあいだで直接取引されます。取引所取引に対して**店頭取引**(OTC取引:Over the Counter)、あるいは**相対取引**といいます。

株式は1つの企業で基本は1種類しかありませんが、社債は「第

*2:転換社債型新株予約権付社債(P.72参照)については、株式と同じように証券取引所で売買されます。

「○○回社債」というように、同じ企業が繰り返し発行します。発行のたびに発行金額、利回り、市場での取引価格が異なります。

同じ企業の社債でも、どの社債をいくら買いたいのか、個別に条件を決めて当事者同士が交渉しなければなりません。株式のように取引所での一律の取引がむずかしいのです。

🔻 **株式は取引所取引、債券は店頭取引**

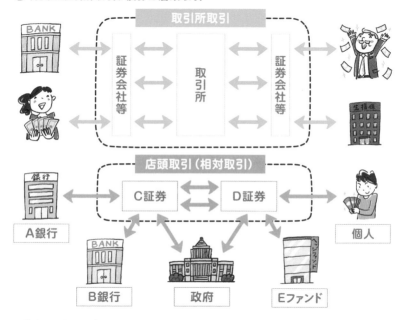

▶ 株式の場合、証券会社は顧客の注文を市場（取引所）に流す仲介役しか担っていません。債券は、証券会社が取引の当事者になります。

社債の購入と売却は
証券会社を通じて行う

店頭取引では、その証券会社が持っている、または販売中の社債しか投資家は買うことができません。**どんな社債を取り扱うかは証券会社によって異なる**ため、複数の証券会社で社債の販売状

況を調べ、目的の社債を取り扱っている証券会社に口座を開設する必要があります。

たとえば、SBIホールディングスが発行する社債「SBI債」は、SBI証券でしか取り扱っていませんので、SBI証券に取引口座を作る必要があります。

もし買った社債を償還前に売りたいときも、取引相手である証券会社に直接買い取ってもらうことになります。**売却可能かを含め、取引価格は証券会社に問い合わせる**必要があります。社債の価格は、株式のようにインターネットを通じてリアルタイムで把握することはできません。

社債の購入も売却も、クリック1つで終わる株式とは違って手間がかかります。株式や投資信託には少額から投資できるしくみが整っていますが、社債は最低でも100万円程度の資金が必要です。投資家にとっては資金に加え、時間、労力が必要な投資といえるでしょう。

🔽 債券と株式の取引環境の違い

債券		株券
証券会社に個別に問い合わせる必要あり	**相場情報**	TV・新聞・インターネットを通じて入手できる
100万円〜	**取引単位**	数百円、数千円〜
償還期間は固定される（時価で途中売買も可能）	**投資期間**	いつでも売買できる
証券会社によって取り扱い商品・価格が異なる	**価格・銘柄**	どこの証券会社でも同じ銘柄、同じ価格（手数料除く）

13 海外の債券を買うこともできるの？

買うことができますが、為替リスクに注意しましょう。

外国債券にもさまざまな種類がある

海外で発行される債券は**外国債券（外債）**と呼ばれています。外債も、外国政府、政府機関、民間企業など発行体で種類が分かれることは同じで、国債や社債などさまざまな債券があります。

国内債券との最も大きな違いは、**購入・利払い・償還が円とは異なる通貨になる**場合があることです。それに加えて、外債には発行体が属する国、発行される地域により、おもに図のような種類があります。

▼ おもな外国債券

ユーロ円債
発行体の属する国：海外・日本
通貨建て：円
発行される地域：海外

円建て外債はサムライ債とも呼ばれています！

デュアルカレンシー債
発行体の属する国：海外・日本
通貨建て：購入・利払いは円
　　　　　償還金は外貨
発行される地域：海外・日本

円建て外債
発行体の属する国：海外
通貨建て：円
発行される地域：日本

外貨建て国内債
発行体の属する国：海外
通貨建て：外貨
発行される地域：日本

外貨建て国内債はショーグン債とも呼ばれています！

外貨債
発行体の属する国：海外・日本
通貨建て：外貨
発行される地域：海外

外国債券は高金利が魅力だが
国内債券にないリスクが加わる

　日本ではマイナス金利政策の影響もあり、社債でも1%前後の低金利が続いています。しかし外債には、5%以上の利回りの政府国債が存在します。なかには、利回り10%を超える国もあります。低金利の日本国内から見ると、非常に魅力的に見えますが、金融の原則どおり、そういった国はインフレ率や**リスクが高いため金利も高い**のです。

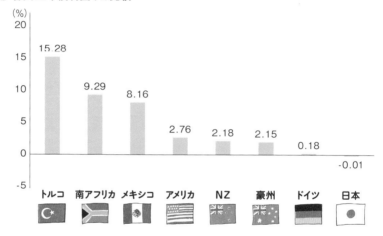

🔽 各国10年債利回りの比較

▶ 2019年3月1日時点の金利です。各国の金利は10年国債の金利が基準となります。

　信用リスク、流動性リスク、価格変動リスクは、外債にも当然あります。さらに、円ではなく海外通貨（米ドル、ユーロ、英ポンド、独マルク、豪ドル、南アフリカランド、トルコリラなど）で発行される外債は、円とその通貨を交換する際に為替の影響を受けます。

　円と海外通貨の交換比率（為替レート）は常に変動するため、外債には国内債券にはない**為替リスク**が加わります。

⚊ 為替リスクとカントリーリスクに注意

　円建てのユーロ円債やサムライ債を除き、海外通貨建てで発行される外債を購入する場合、お金のやり取りが発生するタイミングで為替レートの影響を受けます。具体的には**外債の購入・利払い・償還のとき**です。

▽ **為替リスクが発生するタイミング**

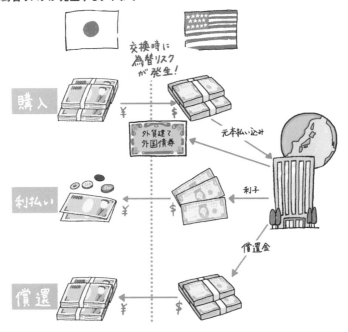

　たとえば、南アフリカの通貨ランド建ての外債を買うとします。購入時には円をランドに両替して、ランドでの利払いや償還金は円に両替する必要があります。

　購入後にランドが円に対して高く（円安に）なると利払いや償還では為替差益を得られます。逆に、円に対して安く（円高に）なると為替差損が発生します。

米ドルやユーロのような先進国の通貨に比べ、新興国の通貨の為替レートは、流通量が少ない分、変動幅が大きくなる傾向があります。つまり**為替リスクも高い**のです。

　なかには隣国との紛争や巨額の財政赤字を抱える国もあります。これを**カントリーリスク**といいます。その影響で通貨安が進むと、債券の償還時には円にすると元本を割り込む場合もあります。

　信用力の低い自国通貨ではなく、米ドルで発行される外債もあります。その場合、為替リスクは米ドルと円の変動幅に収まりますが、もし途中で売りたいときは、カントリーリスクが上昇すると売却価格が下落する可能性があります。

　外債はいくら利回りがよくても、これらのリスクを頭に入れて購入する必要があります。

● 外債で考慮すべき2つのリスク

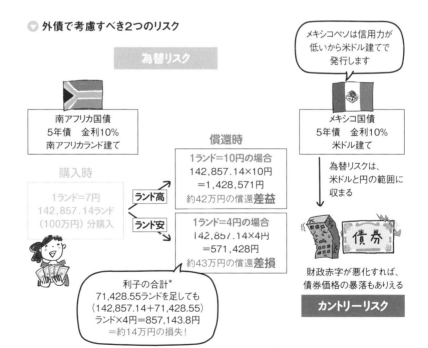

為替リスク

南アフリカ国債
5年債　金利10%
南アフリカランド建て

メキシコペソは信用力が低いから米ドル建てで発行します

メキシコ国債
5年債　金利10%
米ドル建て

償還時

購入時

1ランド＝7円
142,857.14ランド
（100万円）分購入

| ランド高 |

1ランド＝10円の場合
142,857.14×10円
＝1,428,571円
約42万円の償還**差益**

| ランド安 |

1ランド＝4円の場合
142,857.14×4円
＝571,428円
約43万円の償還**差損**

為替リスクは、米ドルと円の範囲に収まる

財政赤字が悪化すれば、債券価格の暴落もありえる

カントリーリスク

利子の合計*
71,428.55ランドを足しても
（142,857.14＋71,428.55）
ランド×4円＝857,143.8円
＝約14万円の損失！

＊利子は両替時の為替レートが適用されますが、ここでは償還時と同じレートで計算しています。

14 割引債ってなんですか?

利子がない代わりに、
額面より安く買える債券のことです。

利子がない代わりに
額面金額より安く発行される債券

　割引債は**利子がつかない債券**です。その代わりに**額面金額より安い価格で発行**されます。利子のことを英語でクーポンというので*1、**ゼロ・クーポン債**(Zero-coupon bond)とも呼ばれます。発行体にとっては途中の利払いが不要で、償還時まで支払いがないことがメリットです。

　割引債は償還時に額面金額が払われたとき、購入金額との差額が利益(償還差益)となります。たとえば、額面金額100万円の割引債が90万円で発行されたとすると、差額の10万円が償還差益ですので、これを運用期間に応じて計算すれば利回りがわかります。

　国内で代表的な割引債は、**国庫短期証券***2です。国債の償還に伴う**借り換えのために金融機関向けに公募入札方式で発行される短期の国債**で、2カ月、3カ月、6カ月、1年の4種類があります。

---

*1:もともとcouponは「利札」のことで、紙の債券から切り取って銀行に持ち込むと利子が支払われた紙片のことです。
*2:2009年2月に政府短期証券(FB)と割引短期国債(TB)が統合して国庫短期証券になりました。

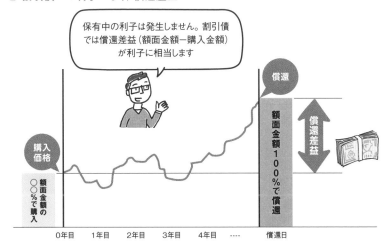

割引債には利子がなく、償還差益のみ

> 保有中の利子は発生しません。割引債では償還差益（額面金額−購入金額）が利子に相当します

購入価格
額面金額の○○％で購入

償還
額面金額100％で償還

償還差益

0年目　1年目　2年目　3年目　4年目　‥‥　償還日

　個人向けの割引債として、かつては**割引金融債**や**割引国債**が発行されていましたが、現在はありません。個人投資家が購入できる割引債は、実質的には海外で発行されたゼロ・クーポン債になります。

　現在、日本で購入できるのは、米国国債、カナダ国債、イタリア国債、スペイン国債、国際復興開発銀行債券（世銀債）など、高格付けのものが中心となっています。取り扱いは証券会社によって大きく異なります。

利付債の利子を再投資したと考えて 割引債の利回りは複利で計算

　割引債の利回りは、償還差益と投資期間から複利で計算します。利付債で定期的に支払われる利子は、投資家が再投資しない限り利益を生みません。これに対し、利払いのない割引債は、利付債の利子に相当する**利益が自動的に再投資されているとみなせる**のです。

理論上は10年割引債なら、10年の複利運用をした結果が、償還差益としてまとめて還元されると考えます。

🔻 **割引債は複利で運用するイメージ**

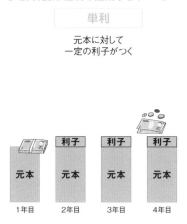

　具体的に額面金額100万円の10年債券に投資する場合の、利付債と割引債を比較してみましょう。利付債は額面100円のパー発行とし、税金や取引コストはここでは考えないことにします。

- **利付債A**：表面利率10％（利払い年1回）、期間10年
- **割引債B**：利回り10％（複利・発行価格38.6円）、期間10年

・Aを100万円購入した場合

　10％の単利ですので、10年間の利子の合計は簡単です。

100万円×0.1×10年＝100万円

　償還金額100万円を合わせた10年間で受け取れる額の合計は200万円です。つまり投資額の2倍になります。

・Bを額面100万円分購入した場合

年10%の複利で、10年後に100万円になる債券の現在価値は次のような式で計算されます＊。

100万円／(1+0.1)^10＝38.6万円

つまり額面100万円の割引債は38.6万円で売り出されます。それが償還時には約2.59倍になります。

利回り10%でも、単利と複利ではこのように受取額の合計に差が出ます。これだけ見ると、割引債のほうが圧倒的に有利に思えますが、利付債で保有中に受け取った利子を10%で再投資すれば結果は同じになります。割引債は投資家が自分で再投資する手間が省けるのと、再投資する際の金利があらかじめ決まっているのが特徴といえます。

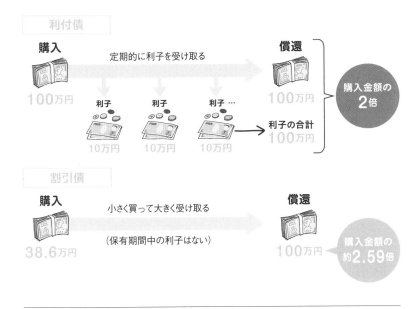

＊複利計算の現在価値の計算式については、P.148で説明しています。

15 株式に転換できる社債があるの?

 転換社債型新株予約権付社債（CB）といいます。

株式を一定の条件で取得できるCB

社債の一種で、保有者の判断で株式に転換できる**転換社債型新株予約権付社債（CB**：Convertible Bond）と呼ばれる債券があります。

社債のまま保有すれば利子に加えて、償還日に額面金額を受けることができるのは、一般的な社債と同様です。加えて、**途中で株式に転換することが可能**で、株価上昇による売却益を狙うこともできる金融商品です。

株式への転換は基本的に保有者の裁量で行えますが、**株価が一定の金額を上回った場合に転換権を行使する**ことが一般的です*。これを**転換価格**といいます。株式の取得数は、債券発行時の額面に応じて決まります。たとえば、転換価格が1万円、額面100万円の転換社債の場合、100株分の株式に転換できます。

株式への転換手続きは、決められた転換請求期間内に行う必要があります。転換請求期間は、一般的には発行後1〜2カ月ごろから償還日の1日前までと決められている商品が多いですが、銘柄によって異なります。

---

*株価が一定期間以上、転換価格を超えた場合にのみ転換権を行使できるという条項がついている転換社債もあります。

株価が転換価格を上回ると、一般的に株価に連動して債券価格は値上がりします。株価が下がったとしても、債券としての価値は変わらないため、株式ほど値下がりするリスクがありません。債券の利回りは、株式の配当よりは高いことが多く、日割りで利子がつくこともメリットです。

　転換価格は、発行時の株価より高く設定されることがほとんどです。株価が転換価格を超えなければ、通常の社債と比べると利回りの低い社債に過ぎません。

　似たようなしくみを持つ**新株予約権付社債**もあります。これは追加で代金を支払うことで株式を取得できる権利がついた社債で、株式を買っても、社債はそのまま持ち続けることができます。

転換社債型新株予約権付社債（CB）

株式の取得にあたり、
新規資金は必要なし！
社債はすべて株式に

株式に転換すると
利子や償還金は
もらえなくなる

新株予約権付社債

株式の取得代金を
追加で払い込めば
株式を取得できる！
社債は継続保有

株式を取得しても、
社債の利益を
受け取れる

CBを購入した投資家には
2つの選択肢がある

CBを購入した投資家には、2つの選択肢があります。

①債券として償還日まで保有する（または売却する）

通常の社債同様に定期的に利子をもらえ、償還日には額面金額が償還されます。債券が値上がりしたら、途中で売却して売買差益を得ることもできます。

②株式に転換する

株価が転換価格より上昇した場合、株式に転換します。その時点の株価と転換価格との差が利益になります。株式に転換するまでは社債として利子が支払われます。

◯ CBの2つの選択肢

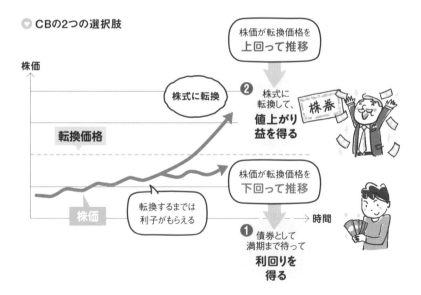

▶ 発行体である企業の成長が見込めるようなら❷を選択、株価の上昇が見込めないようなら❶を選択することができます。

発行体は債券の元利払いを抑えられるのがメリット

　投資家の判断で社債を株式に転換できるCBは、投資家に有利な条件がある分、発行体は**通常の社債に比べて、利子を低く設定できる**というメリットがあります。また、保有者が償還前に社債を株式に転換すれば、発行体は以降の**利子と償還金を支払う必要がなくなります。**

　つまり企業にとっては、社債から株式への転換が進んでも進まなくても、通常の社債に比べ元利払いを抑制できることになります。投資家にとってだけでなく、発行体にも大きなメリットがある債券なのです。

▼**CBは投資家と発行体のどちらにもメリット**

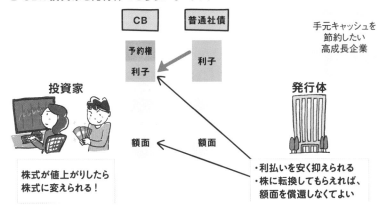

　その一方で、転換されると株式の希薄化*が進むことがデメリットになります。株式になると配当する必要もでてきますし、社債にはなかった議決権を渡すことになります。

---

*新株予約権の行使や増資などで新たに株式を発行することで、発行済株式総数が増加し、その結果1株当たりの価値が低下することです。

16 デリバティブって なんですか？

基本的な金融商品から生まれた
高度な金融派生商品のことです。

もともとリスク回避の手段で開発され 現在では投機目的でも利用される

　デリバティブは、株式や債券など基本的な金融商品から「派生して」(derivative) 生まれた金融商品のことです。日本語で**金融派生商品**といいます。デリバティブの元となる有価証券や商品を**原資産**といいます。

　株式や債券などの有価証券、あるいは穀物や原油・貴金属など現物商品の価格変動リスクへの対策、いわゆる**リスクヘッジ***を目的に開発された商品ですが、現在では投機目的の取引も多く行われます。代表的なデリバティブに先物取引、オプション取引、スワップ取引の3つがあります。

デリバティブでは最も古い先物取引

　先物取引は、**現時点で価格を決めて将来の売買を約束する取引**です。その歴史は古く、ルーツは江戸時代の大阪堂島で行われていた米取引ともいわれています。

---

*hedgeは垣根の意味で、金融商品の取引において、価格変動による損失を避けるためにとる予防策のことです。

たとえば3カ月先に大豆を取引する約束をして、現時点で取引価格を決めます。天候による不作や豊作で市場価格が変わっても、その価格で取引できるので**価格変動リスク**を回避できます。決めた価格より相場が値上がりすると買い手が得をして、値下がりすれば売り手が得をします。

　先物取引は実物の取引以外に、契約のときの予約価格と決済日の価格の差額分を受け渡しして清算することもできます。これを**差金決済**といいます。

　たとえば、ガソリン（原資産）の先物を1リットル100円で売買する取引をします。決済日の価格が150円なら、売り手が差額分（150円−100円）の50円を買い手に払います。決済日の価格が50円なら、買い手が差額分（100円−50円）の50円を売り手に払います。もしくは実際にガソリンを用意して受け渡します。

🔽 先物取引のしくみ（差金決済の場合）

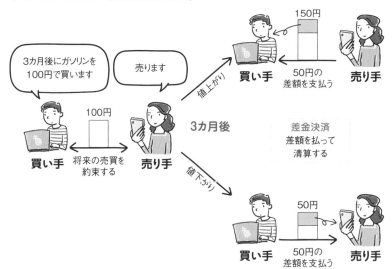

現物は必要ないため、先物取引は原資産の相場が下落すると予想したときには**「売り」から入る**ことができます。予想通り相場が下落すれば利益になります。

◯ 先物取引は「買い」「売り」どちらからでも入れる

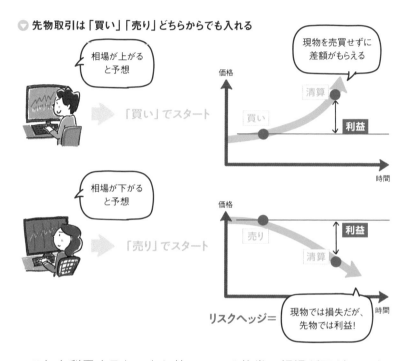

　これを利用すると、もし持っている債券の相場が下がっても、その債券の先物を売っておけば損失を相殺することができます。つまりリスクヘッジとなるのです。

　日本では、1985年に**長期国債先物**が東京証券取引所（現大阪取引所）に上場され、以降、国内外の金融機関が債券先物取引を行っています。

　債券先物に限らず、**先物取引をする際は担保として証拠金が必要**です。証拠金は実際の取引金額の何%かでよく、少ない資金で大きな金額の取引ができます。これを**レバレッジ**効果といいます＊。

＊レバレッジとはテコのことで、テコの原理になぞらえてこう呼ばれます。

「買う権利」または「売る権利」を 売買するオプション取引

　期日に必ず清算する先物取引に対して、オプション取引は原資産をある期日までに特定の価格で売買する**「権利」を売買する取引**です。商品としては**コール・オプション**（買う権利）と**プット・オプション**（売る権利）の2種類があります。どちらにも買い手と売り手がいます。

　買い手は、将来値上がりすると思うなら買う権利を、値下がりすると思うなら売る権利を買って、売り手にオプション料を払います。予想通り相場が動けば、買い手は権利を使って差額分を儲けることができます。予想とは逆に相場が動けば、権利は使わずにおいて、払ったオプション料は損になります。

　売り手は、買い手が権利を使わなければ、オプション料が儲かります。オプション取引は一方が得をすると、もう一方は損をするしくみです。買い手が権利を行使する場合、売り手は断ることはできません。

　オプションは**掛け捨ての保険と考えると理解しやすい**でしょう。買い手は保険料を払って保険をかける人で、売り手は保険会社です。保険会社は、保険対象の出来事が起きたら保険金を払い、起きなければ保険料が収益になります。

　保険料のようにオプション料を払うことで権利が買えるため、オプション取引もリスクヘッジになりえます。所有する債券が値下がりしたときに備え、高く売る権利（プット・オプション）を買うのがその一例です。

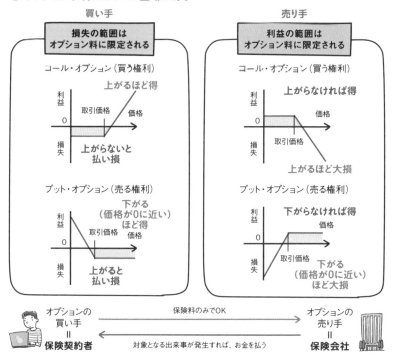

▽ オプション取引には4つの立場がある

現在価値が等価の金利や通貨を交換するスワップ取引

スワップ（swap）は交換するという意味です。スワップ取引は**現時点で同じ価値のあるキャッシュフロー*を交換する**取引です。債券のデリバティブにおけるスワップ取引の対象（原資産）は金利や通貨です。

金利スワップは、同じ通貨の異なる金利のキャッシュフローを交換します。たとえば、固定金利と変動金利の交換があります。保有する債券が変動金利で、将来の金利低下を予想する場合は、固定金利と交換することで金利収入が減ることを避けられます。

---

*金融商品では、購入時の元本払込、利払い、配当、償還といった、すべてのお金の流れのことです。

一方で、金利が上昇すると得られるはずだった上昇分がもらえなくなります

　通貨スワップは、異なる通貨のキャッシュフローを交換します。たとえば、米ドル調達のためにドル建て社債を発行したあと、同じ種類の円建て債券と通貨スワップ取引をします。すると実質的に利払いや償還を円で実行できるため、為替リスクに影響されることなく、将来の支払い額を確定できます。

🔻 金利スワップの例

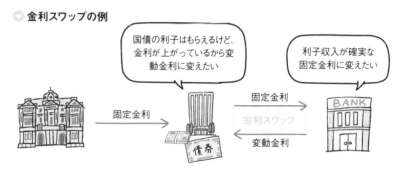

▶ 保有する国債の固定金利による利子を変動金利にするため銀行などと金利スワップ取引を行います。この場合、国債の利子を固定金利として支払い、変動金利を受け取ります。

🔻 通貨スワップの例

▶ 他国通貨の債券を発行して資金調達したあと、元利払いを自国通貨で行いたい場合は、通貨スワップ取引を行います。

　債券においてスワップ取引は、**将来の金利変動リスクを回避する手段**として金融機関のあいだで急速に広まりました。大口の債券保有者が対象なので、少額投資の個人投資家には関係ありません。

17 仕組債の利回りが高いと聞いたけど?

高リスクなデリバティブが入っているため、
利回りが高いのです。

投資家や発行体のニーズに 合わせた特別な「しくみ」をもつ債券

仕組債と呼ばれる債券は、**利回り・償還期日・償還金額など**が**変動するのが特徴の商品**です。うまくいけば高い利回りが得られるので投資家の注目を集めていますが、ハイリスクの金融商品です。

本来の仕組債は投資家のニーズに合わせたオーダーメイド商品ですが、投資信託と同じように証券会社が各条件を事前に決めて、個人投資家向けに販売されている商品もあります。これらは100万円程度から投資できます。

オーダーメイド型の仕組債は、投資金額が5,000万円以上と高額になることが一般的で、同じ条件設定でも証券会社により手数料が大きく異なる場合があります。

仕組債の利回りがいいのは 高リスクだから

仕組債は、一般的な債券にデリバティブ(P.76参照)を組み込んだものです。ほとんどの仕組債にはオプション取引が組み込ま

れています。単純にいえば、**仕組債を買う投資家はオプションの売り手**になります。債券の金利にオプション料が上乗せされているため、高い利回りになっているのです。

しかし、説明したようにオプションが行使されれば、そのときの相場と商品の設計にもよりますが、仕組債の購入者は**投資額のすべてを失う**可能性もあります。高い利回りの裏には高いリスクが潜んでいるのです。

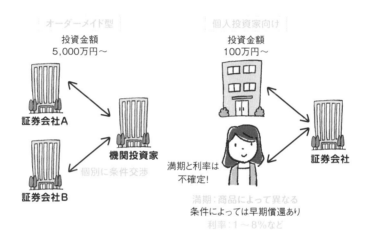

オーダーメイド型

投資金額
5,000万円〜

証券会社A

証券会社B

個別に条件交渉

機関投資家

個人投資家向け

投資金額
100万円〜

証券会社

満期と利率は
不確定!

満期：商品によって異なる
条件によっては早期償還あり
利率：1〜8%など

仕組債の償還は
運用後の状況によって異なる

仕組債にはEB債、リンク債、クレジット・リンク債、パワー・リバース・デュアルカレンシー（PRDC）債など多くの種類があります。それぞれにしくみや条件は異なります。

ここでは発行例が多くネット証券でも取り扱われるEB債（Exchangeable Bond）を例にしくみを紹介しましょう。**EB債は他社株転換可能債**とも呼ばれ、投資した資金が株式に転換して償還される可能性のある債券です。

対象銘柄の**株価が事前に決められた価格以上なら現金、価格未満なら株式で償還**されます。株価が一定価格を上回った時点で現金で早期償還されます。これを**ノックアウト**といいます。

　株価が決まった価格を下回った場合は、満期に株式で償還されます。これを**ノックイン**といいます。具体的に、次のようなEB債で考えてみます。

- **対象株式銘柄：X社**　●**利回り5%**　●**期間2年**
- **当初価格：4,000円**
- **ノックアウト価格：5,000円**
- **ノックイン価格：3,000円**

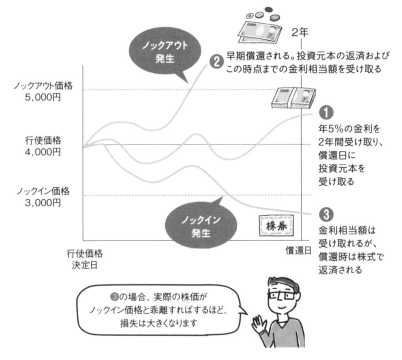

▶ 期間中に一度でもノックイン価格を下回った場合、その後株価が回復したとしても、償還時には株式で償還されます。

84

EB債を組成した際に、X社の株式は4,000円の当初価格[*1]で購入されています。2年のあいだにX社の株価が5,000円を超えると、その時点でEB債は現金で償還され[*2]、利子は途中までしかもらえません。X社の株価が3,000円を下回ると満期に利子と▲1,000円の評価損となるX社の株式を受け取ります。

　償還までの2年間、X社の株価がノックアウト価格とノックイン価格のあいだで推移した場合だけ、投資家は満額の利子と元本を受け取れます。

❤ 仕組債の利回りが高い理由

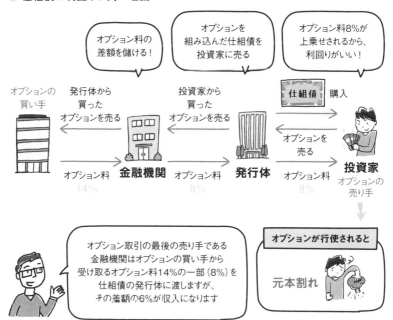

オプション料の差額を儲ける！

オプションを組み込んだ仕組債を投資家に売る

オプション料8%が上乗せされるから、利回りがいい！

オプションの買い手

発行体から買ったオプションを売る

投資家から買ったオプションを売る

仕組債　購入

オプションを売る

オプション料14%　**金融機関**　オプション料8%　**発行体**　オプション料8%　**投資家**

オプションの売り手

オプション取引の最後の売り手である金融機関はオプションの買い手から受け取るオプション料14%の一部（8%）を仕組債の発行体に渡しますが、その差額の6%が収入になります

オプションが行使されると

元本割れ

▶ 投資家は、オプション料が含まれた高い金利をもらえるものの、条件次第では大きな損失を被る可能性があります。

---

*1：行使価格、早期償還判定価格とも呼ばれます。
*2：商品設計により、価格に触れた直後に償還される場合と、判定日（3カ月ごとなど特定の日にち）の株価で判定する場合があります。

18 サブプライムローンも債券の一種？

 住宅ローンのことです。リーマン・ショックの背景は債権の「証券化」でした。

アメリカでは、過去30年間で証券化商品の市場規模が飛躍的に拡大

　2008年9月のリーマン・ショックを引き起こし、株式市場の急落など金融市場を大混乱させた**世界金融危機**の元凶とされるのがサブプライムローンです。

　そもそもサブプライムローンとは、優良（prime）な貸付先より下位（sub）である**低所得者層（subprime）へのローン貸付**のことです。当時のアメリカでは、収入が不安定で通常のローン審査に通らないものの、家を持ちたい人がたくさんいました。そんな人を対象にした高金利のローンです。

　貸した側のローン会社は、現金化のためにローン債権を金融機関に売却しました。証券会社や投資銀行は、それをほかの複数の金融商品とパックで「証券化」しました。

　証券化とは、ある**資産（この場合はローン債権）の価値を裏付けにした有価証券を発行し、小さな単位に分割する**ことで多くの投資家に買ってもらいやすくする方法です。

　こうしてできた証券は**債務担保証券（CDO**：Collateralized Debt Obligation）と呼ばれます。発行の裏付けとされる資産が

サブプライムローン債権のほかにも、複数の社債や企業向け貸付債権というのが特徴です。証券化により高い格付けがつきやすいため、販売しやすくなるのです。

　金融機関はこれを機関投資家に販売しました。アメリカでは金融技術の発展により1970年代以降に証券化の市場が急拡大し、CDOはリーマン・ショック前の証券化を代表する金融商品になっていました。

● CDOのしくみ

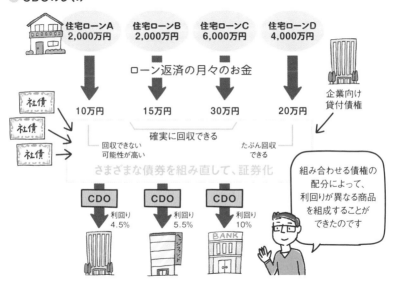

証券化商品にすることで
関係者にはそれぞれメリットがあった

　サブプライムローンは高金利ですが回収不能（デフォルト）が発生する可能性が高い住宅ローンです。それをCDOにして売ることは、**金融機関、CDOの発行体、そして投資家にとってもメリット**がありました。

金融機関はリスクの高いローン債権を発行体に売ることで、早く資金回収ができます。発行体はそれをCDOに組成して売ることで、多額の手数料を稼ぎます。組成の段階で分散効果[*1]などにより高い格付けが付与されるため、CDOを買った投資家は格付けに比べて高い利回りを得られます。このようなカラクリで、CDOの市場はバブルの様相になります。

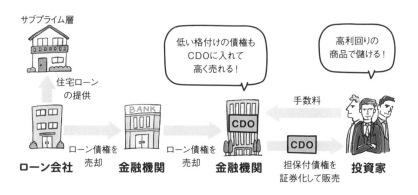

リーマン・ショックの経緯と世界金融危機

　アメリカでは2000年代の半ば、住宅の価格はどんどん値上がりしており、サブプライムローンは「住宅の価格が上がり続ける」という前提で作られた商品でした。

　しかし、杜撰なローン審査に加え、米金融当局の利上げによる住宅価格の下落の影響から、住宅購入者がローンを返済できないケースが増加していきます。そこで2007年に、多くの格付機関がサブプライムローンの格付けを引き下げました。その結果、サブプライムローン大手のニューセンチュリー・ファイナンシャルが破綻します。

---

*1：資産間の相関やリターン・リスクの異なる資産に投資することで、1つが暴落してもほかの資産によって損失のリスクを軽減し、収益の安定化を図ることです（P.146参照）。

潜在するリスクが明らかになったCDOは暴落します。CDOを大量に買っていた金融機関や機関投資家は巨額の損失を抱えます。そして2008年9月に、5大投資銀行の1つだったリーマン・ブラザーズが破綻します。その負債総額は6,130億ドル（約60兆円）にものぼりました。

それ以外の投資銀行や保険会社[*2]も同様に大きな損害を被り、アメリカ経済は大混乱に陥ります。その影響は世界中に広がりました。これが世界金融危機の背景です。

🔽 **リーマン・ショックの経緯**

サブプライムローンは住宅ローンで、債券ではありません。**金融危機に発展したのはローン債権の証券化**にあります。そこから複雑なデリバティブが組み込まれたCDOにAAA等の高い格付けがついたことで、金融機関や投資家は安全だと思い大量に購入したため、損失が雪だるま式に膨らんだのです。

---

*2：CDOがデフォルトしたときの保険となるCDS（クレジット・デフォルト・スワップ）を引き受けていた会社もあり、その支払いも莫大でした。

Column 2

投資信託を通じて間接的に
債券に投資できる

　個人でも債券投資は可能です。しかし、ほかの金融商品と比べて敷居が高いのも確かです。個人向け国債を除き100万円単位の資金が必要なことが多く、既発債を購入したい場合は証券会社にいちいち取り扱いの有無や価格を問い合わせる必要があります。運用中の資産評価がわかりにくいのも、個人投資家にとっては不親切といえます。

　そんな人におすすめなのが債券型の投資信託です。投資信託には国内外の株式や債券をはじめ、金や原油などの商品に投資するものなどたくさんの商品があります。その数は日本で販売されているものだけで、なんと6000本以上！

　そのなかには、債券に投資する債券型投資信託も数多くあります。国内債券のみに投資するものやハイイールド債のみに投資するもの、債券と株式に半分ずつ投資するもの、海外の債券に投資するものなど、さまざまな商品が販売されています。

　投資信託を通じて債券を購入することで、比較的少額の資金で分散しながら債券投資ができます。運用は金融のプロが行ってくれ、個人では投資しにくい海外の社債などに間接的に投資できるのも投資信託のメリットです。

　銀行や証券会社（おすすめは手数料の安いネット証券）で販売されているので、自分が求めているリスクとリターンに合った債券型投資信託をぜひ探してみてください。

債券の買い方・売り方と満期まで

第3章

債券の特徴が理解できると、投資してみたい！
と思った人もいるのではないでしょうか。
債券の購入手続きは難しいものではありません。
この章では、債券の買い方や購入する際に注目すべき点など、
個人投資家が債券を購入する際に知っておきたいことを解説します。

19 債券はどこで買えるの?

 証券会社や銀行を通じて購入できます。

個人投資家は証券会社で公募債を購入できる

個人が債券を買いたい場合、証券会社ならほとんどの種類の債券を取り扱っています。個人向け国債など、一部の債券は銀行でも購入することができます。各債券の購入窓口をまとめると次のようになります。

・国債

証券会社(ネット証券)・**銀行**(都市銀行・地方銀行・信託銀行)・**農林中央金庫・農協**(農業協同組合)・**信用組合・信用金庫・労働金庫**など、さまざまな金融機関で取り扱っています。取り扱い金融機関の一覧は財務省のサイト*にありますので、購入を検討するならチェックしてください。

同じ銀行でも対象外の店舗がある場合や、地銀などの小さな金融機関では取り扱いがないこともあります。

---

*https://www.mof.go.jp/jgbs/individual/kojinmuke/main/organization/
　https://www.mof.go.jp/jgbs/individual/kojinmuke/shinmadohan/organization/

・地方債

　各地方債によって異なりますが、国債と同じようにさまざまな金融機関で取り扱っています。いつ、どんな地方債が発行され、どの金融機関で取り扱うかは、都道府県や政令指定都市のサイトで確認できます。

・社債

　証券会社での取り扱いのみです。P.62で解説したように、各証券会社によって取り扱っている社債は異なります。証券会社のサイトで確認できます。

🔽 **3つの債券の取り扱い場所**

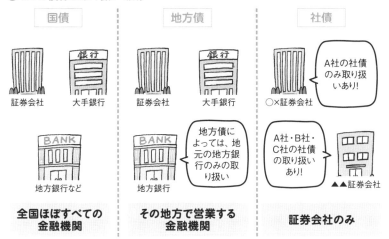

➖ 既発債は証券会社から購入する

　新規で発行される債券は**新発債**と呼ばれ、発行体から投資家に販売されるのは発行市場と呼ばれます。一方、すでに発行されている債券は**既発債**と呼ばれ、投資家間で売買が行われるのは流通市場と呼ばれます。

個人投資家が購入しやすいのは新発債で、銀行などでも取り扱われます。既発債は、流通市場の仲介役となる**証券会社を通じて**購入します。

　マネックス証券やSBI証券といった一部ネット証券では購入可能な既発債の銘柄名、利率、償還までの期間がウェブ上に紹介されています。ただ、掲載数自体が少なく、ほとんどの証券会社にそのようなサービスはありませんので、取扱銘柄や価格は**各証券会社に直接問い合わせる**必要があります。

🔽 **証券会社は市場の仲介役**

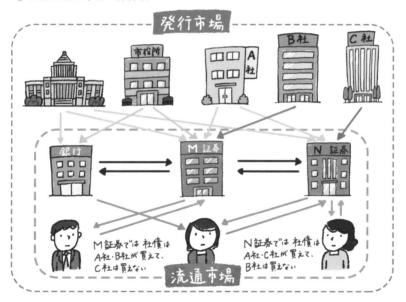

　なお、証券会社間の債券売買を仲介する日本相互証券などの端末があれば個々の債券の取引相場を確認できますが、法人向けのシステムで高額な利用料のため、個人が触れる機会はまずありません。

既発債は、売却のときに
経過利子を払う

　新発債を買う場合は、債券価格のほかに手数料は必要ありません。既発債を買う場合は、債券の受渡日が利払い日と異なるときは、**経過利子（経過利息）**支払う必要があります。これは前回の利払い日から受渡日までの日数（経過日数）に応じて日割計算した利子金額のことです。既発債の受渡金額は債券価額＋経過利子です。なお、経過利子分を含んだ「利含み値段」で売買されることもあります。

　債券の種類により、経過利子の計算方法は異なります。

・日本国内債・独国債

　経過利子＝額面×表面年利率×［経過日数（実日数*）／365］

・ユーロ債

　経過利子＝額面×表面年利率×［経過日数（1カ月30日で計算）／365］

・米国債

　経過利子＝額面×表面年利率×［経過日数（実日数）／基準日数（前回利払い日から次回利払い日までの実日数）の2倍］

・豪州国債

　経過利子＝額面×表面年利率×1／2×［経過日数（実日数）／基準日数（前回利払い日から次回利払い日までの実日数）］

---

*日本国内債の場合、実日数で計算するので、1カ月が28日だったときは、28／365と計算します。ユーロ債の場合は、1カ月は30日であるものとして計算するので、2/28〜3/31まで保有していたとすると2月は2（30日まであると考える）、3月は30（30日で数える）の計32日となります。

たとえば、年利5％で年1回利払いの日本国債を100万円、前回利払い日から150日後に、額面100円あたり100円で購入すると、経過利息は図のようになります。

◯ 経過利息の考え方

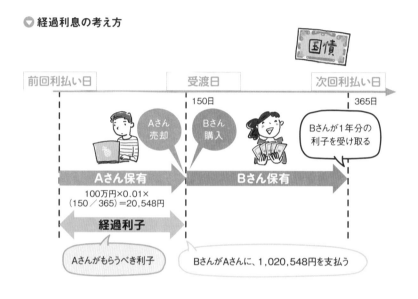

国債先物の価格を見れば 国債の市場相場がわかる

債券の売買で個人投資家が困るのは、証券会社に聞かないと取引相場がわからないことです。ただし、国債相場に関しては先物の値動きからある程度判断できます。

国債先物は大阪取引所（旧大阪証券取引所）に上場している国債の先物取引商品です。一部の証券会社では個人の取引も可能です。現物の国債とは異なり、証券取引所が利率、償還期限などを標準化して設定したもので、「標準物」と呼ばれます。実在しないため、最終決済時には受渡適格銘柄と呼ばれる国債の授受が行われます。

国債先物の取引時間中には、機関投資家中心に活発に売買が行われ、最新の価格が更新されています。先物価格が同じ残存期間の国債の現物価格の参考にされます。

　金融市場に信用不安が発生した際には、**国債先物の価格を見ることで、債券市場の受け止め方を把握する**ことができます。株式市場における日経平均株価のような指標です。

　国債先物の現在価格はネット証券などのサイトで公表されていますので、個人投資家でも簡単に債券相場の動きを知ることができます。

🔻 **信用不安発生時は、国債先物相場をチェック**

20 社債を買うときに注目することは?

 販売用資料や目論見書の内容をチェックしましょう。

社債は発行前に交付される 目論見書や販売用資料を確認する

　個人向けの公募社債では、社債の発行条件や発行会社の状況などが記載された目論見書という書類が購入希望者に交付されます＊。債券の詳細が事細かに記載してあり、数十ページにもおよぶことがあります。そこで特定の社債に興味を持ったら、まずは重要なポイントだけが記載される販売用資料（パンフレットのようなもの）を確認するとよいでしょう。

🔻 **個人向け社債の販売用資料の記載例**

○×△株式会社
第一回無担保社債
○×△ボンド

期間**5**年　利回り　年**2.030**%
（税引後　年1.617%）

募集期間2021年3月3日～3月15日

※利子に対する税率は20.315%です。税引後の利回りは、当該税率に基づいて計算しています。

格付A-（JCR） 表面利率：　年2.03% 購入単位：　100万円から100万円単位 発行日（払込期日）：　2021年3月16日 利払日：　毎年3月16日および9月16日	保証会社：　○×△株式会社 ご購入いただける方：　個人投資家の方 発行価格：　額面100円につき100円 償還日：　2026年3月15日

※「社債、株式等の振替に関する法律」に基づきペーパーレスで発行されます。

＊機関投資家を対象にした社債は、目論見書の交付を行わずに発行することできます。

株式の場合は、発行体は株主に対し年一度、株主総会を開催して業績報告をする義務があります。しかし社債の場合、発行体は有価証券報告書等の提出義務はありますが、株式総会のような報告会が社債保有者向けに開かれるわけではありません。投資したあとは、**自分で発行体の業績や財務状況を確認**する必要があります。発行体は基本的に上場企業が多いので、これらの情報は企業のIRサイトに適宜アップされます。

目論見書や販売用資料を見るうえで 知っておきたいキーワード

　販売用資料や目論見書の内容で、チェックしておくべきキーワードは以下のとおりです。

・発行総額
　発行会社が社債を発行して調達する合計金額。

・購入単位
　投資家が購入する際の最低金額。

・額面金額
　債券購入の単位となる金額。この金額が償還日に投資家に返済されます。

・表面利率
　投資家に対し支払われる金利。年単位で表示されます。

・発行価格
　債券が発行される価格。機関投資家向け社債は額面100円あたり100円ではない場合もありますが、個人投資家向け社債は通常、額面100円あたり100円です。

・募集期間
　証券会社に対し購入の意思表明を行う期間。

・**払込期日**

社債の購入代金の支払期限。

・**償還日**

投資資金の返済期日。この日に額面金額が返済されます。

・**利払日**

利子が支払われる日付。年1回や2回など。

・**格付**

格付会社がつけた債券の信用力を測る格付けランク。

・**担保**

発行体が経営破綻した際の回収可能性に関係します。あり・なしなどで表示され、担保がついた債券のほうか安心といえますが、利率が低いことが多く、**近年はほぼ担保なし**の債券発行になっています。

このような**基本的な内容は目論見書の1ページ目などにまとめて記載されていることが一般的**です。社債への投資を検討する場合は、必ず目を通しておきましょう。

ソフトバンクと関西電力の社債で 発行条件を読み解いてみよう

P.59で紹介したソフトバンクグループ株式会社の第51回無担保社債と、関西電力株式会社の第529回社債（一般担保付）の具体的な条件を比較しながら見てみましょう。

ソフトバンクグループ債は7年債で利率2.030％、関西電力債は3年債で利率0.14％です。期間の長い社債は短い社債に比べ、**投資資金をリスクにさらす期間が長いため通常は利率が高く**なります。

ソフトバンクグループ債が無担保に対し、関西電力債は担保があります。これも利率が低い理由です。

　発行体の財務状況などを見て、リスクを判断することも大切ですが、P.28で説明した格付けがおおまかな参考になります。株式会社日本格付研究所（JCR）が両社債を格付しており、ソフトバンクグループ債はA－、関西電力債はAA－です。利回りのいいソフトバンクグループ債のほうが**格付けが低いので、リスクは高い**と判断できます。

　ソフトバンクグループ債は総額4,000億円で申込単位100万円に対し、関西電力債は総額200億円に対し申込単位は10万円です。

　このような情報を見ながら、手持ちの資金、投資方針に沿って、自分にあった投資先を探すとよいでしょう。

	ソフトバンクグループ	関西電力
払込期日	2017年3月16日	2019年6月20日
発行総額	4,000億円	200億円
申込単位	100万円	10万円
利率	2.030%	0.14%
期間	7年	3年
担保	なし	あり
格付	A－（JCR）	AA－（JCR）　AＩ（R&I）

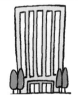 

*https://group.softbank/news/press/20170302
https://www.kepco.co.jp/corporate/pr/2019/0531_1j.htmlをもとに作成。

21 債券は
いつ募集しているの?

債券の種類によってさまざまなタイミングがあります。

債券の発行時期は発行体や
金融機関のサイトをチェックする

　毎月発行される国債以外の**地方債や社債は、日常的に個人向けの公募債を発行しているわけではありません**。むしろ募集されていないときが多いため、債券に投資したいなら定期的な情報収集が欠かせません。

・国債

　財務省が発表する発行スケジュールに従って**毎月発行されます**。個人向け国債は、募集期間中なら誰でも、いつでも、いくらでも購入できます。新窓販国債も基本は毎月発行されますが、金利水準等を勘案し募集が行われない月もあります。

・地方債

　各自治体の発行スケジュールで発行されます。個人投資家が購入できるミニ公募債の発行予定は、**各自治体のサイト**でチェックするのが基本ですが、**総務省のサイト**[*1]、**一般財団法人地方債協会のサイト**[*2]から確認できるものもあります。

・社債

　個別企業の資金ニーズに応じて発行されます。個人向け社債が募集される際は、**発行する会社のサイトや募集を行う証券会社のサイト**で確認することができます。すでに社債を何度も購入している人や、投資金額（もしくは資産）が大きい人には、証券会社から案内がくることもあります。

🔻 **債券の種類によって情報を得る方法は異なる**

国債	地方債	社債
毎月発行	**自治体による**	**企業による**

●財務省のサイトでチェック!

●各自治体のサイトでチェック!
●総務省のサイトでチェック!
●一般財団法人地方債協会のサイトでチェック!

●発行体（企業）のサイトでチェック!
●証券会社のサイトでチェック!
●証券会社からお知らせがくることも

国債は参加資格のある金融機関の入札で落札される

　債券の発行には**募集・入札・売出の3つの方式**があります。多くの債券は募集で発行されます。国債のうち、個人向け国債は売出で発行されます。

　金融機関向けの国債の発行は、入札方式で行われます。国債の

＊1：https://www.soumu.go.jp/main_sosiki/c-zaisei/chihosai/index.html
＊2：http://www.chihousai.or.jp/

入札に参加できるのは、財務相が定めた約230の金融機関です。財務省により毎月の新しい国債の表面利率が発表されると、それに対して各金融機関が応札し、高い金額をつけたところから順番に落札されます。

　なかでも**国債市場特別参加者**^{*1}の指定を受けた金融機関は、発行予定額の一定額以上を応札・落札する義務があります。国債は1回の落札が兆円単位のこともあるため、確実に引き受けされるしくみとなっています。

一般的な債券は利率・発行価格・発行額を決めて募集される

　債券の**一般的な発行方法は募集**です。募集はあらかじめ発行体が発行額や額面金額、表面利率、発行価格、償還期間などの発行条件を決めてから募集されます。

　募集には、3通りの方法があります。まず、債券の発行体が自ら募集事務や債券募集を行う**直接募集**です。

　次に、発行体がほかの会社に債券の募集を委託する**委託募集**です。募集や事務手続はすべて、受託会社となる銀行や証券会社が代行します。債券が売れ残ったとしても、受託会社がそれを引き取る必要はありません。

　最後が、証券会社などが発行体から債券を買い取ることで債券の発行を成立させる**引受募集**です。債券の売れ残りが発生した場合は、引受会社が売れ残りの債券をすべて引き取ります。

　発行額の大きい債券の場合、引受会社が1社だけでは、売れ残るリスクが高くなります。そこで、**複数の会社が集まり共同で引き受けを行う**ことがあります。これは**引受シンジケート団（シ団）**^{*2}

---

*1：国債市場特別参加者になると、応札・落札しなければいけない代わりに、財務省との意見交換の会合に参加できるメリットがあります。

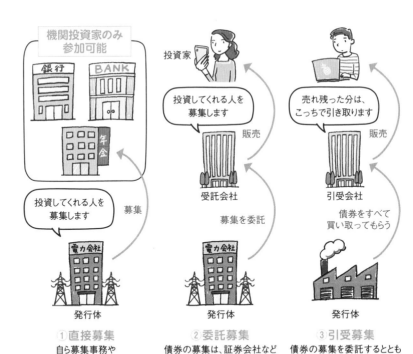

機関投資家のみ
参加可能

投資家

投資してくれる人を
募集します

売れ残った分は、
こっちで引き取ります

販売

販売

受託会社

引受会社

投資してくれる人を
募集します

募集

募集を委託

債券をすべて
買い取ってもらう

発行体

発行体

発行体

①直接募集
自ら募集事務や
債券募集を行う

②委託募集
債券の募集は、証券会社など
の金融機関が代行。債券が
売れ残ったとしても、受託会社
がそれを引き取る必要はない

③引受募集
債券の募集を委託するととも
に、募集額が発行総額に満た
ない場合には、残額を引受会
社が引き取る

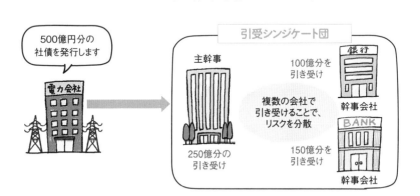

500億円分の
社債を発行します

引受シンジケート団

主幹事

100億分を
引き受け

複数の会社で
引き受けることで、
リスクを分散

幹事会社

250億分の
引き受け

150億分を
引き受け

幹事会社

と呼ばれます。シ団のまとめ役は**主幹事会社**と呼ばれ、シ団に参加するそのほかの会社は**幹事会社**と呼ばれます。

*2：国債の引受シンジケート団は入札方式の比率増加に伴い2006年3月末に廃止されました。

第3章　債券の買い方・売り方と満期まで

22 国債の金利はどう決まるの?

過去に発行された国債の利回りを参考に
財務省が決めます。

財務省が主要投資家に聞き取り調査して国債の金利を決める

新発国債の金利は**財務省により決定**されます。財務省としては
できるだけ低い利率にしたいですが、金利動向や投資家のニーズ
を無視しては安定した国債消化が困難になるため、発行直前まで
調整をしています。

国債は10年債をはじめ大部分が、価格競争入札方式により発行
されます。応札者の金融機関にとって魅力的な利回りであれば入
札価格は上がり、そうでなければ下がります。

新発債の表面利率は、**過去に発行された国債の利回り**、主要入
札者への事前のヒアリング、発行時点の債券相場を参考にして決
定されます。

国債の発行手続きを行う財務省は、入札の前日までに国債市場
特別参加者などの**主要な入札参加者に対しヒアリング**(聞き取り
調査)を行います。そこで、投資家の需要や、各機関投資家はどの
程度の金額で入札を行うのか、投資家が適切と考えている利率は
どの程度なのかなどを聞いたうえで、**入札日当日の債券相場の状
況も踏まえて最終的な国債の利率を決定**します。

▼ 既発債の利回り、関係者ヒアリング、債券相場から決定する

国債の入札と落札のしくみ

　財務省は年度の国債発行計画を前年12月に発表していますが、毎月の発行予定は3カ月前にスケジュールが公表されます。

　入札当日の10時30分には、各国債の利率や発行日、償還日などの詳細が財務省から発表されます。入札に参加する金融機関は、日本銀行の提供する日銀ネットを通じて入札を行います。

　入札価格の高い（利回りの低い）入札者から順次割当が行われ、最終的に**発行予定額に到達したタイミングで入札が完了**します。落札の結果は、財務省のサイトで公表されます。

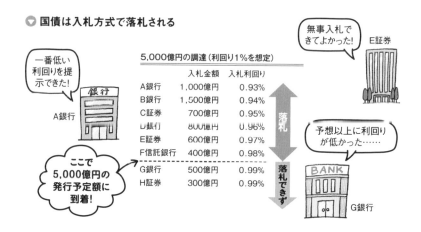

▼ 国債は入札方式で落札される

5,000億円の調達（利回り1%を想定）

	入札金額	入札利回り
A銀行	1,000億円	0.93%
B銀行	1,500億円	0.94%
C証券	700億円	0.95%
D銀行	800億円	0.96%
E証券	600億円	0.97%
F信託銀行	400億円	0.98%
G銀行	500億円	0.99%
H証券	300億円	0.99%

国債発行のしくみ
～概算要求から国債発行額の決定まで～

　国債は国家予算に基づいて発行され、国家予算は財務大臣の責任のもとで財務省により作成されます。予算編成の流れを簡単に説明しましょう。

　毎年8月に中央省庁（国土交通省・文部科学省など）は、**概算要求**といってそれぞれの次年度の事業に必要な予算を財務省に伝えます。財務省は各省庁にヒアリングを行い、予算の必要性などを検討します。

　必要と認めた予算をまとめて次年度予算の財務省原案を作成して、12月下旬までに内閣に提出します。その後、財務大臣と各省庁大臣とのトップによる**復活折衝**を経て12月20日ごろに次年度予算が決定されます。

　財務省原案と同時に、財務省は**国債による資金調達案を検討し、国債発行計画を発表**します。歳入とする**新規国債**、過去に発行した国債の償還資金を調達する**借換債**も含め、次年度の国債発行額が明らかになります。

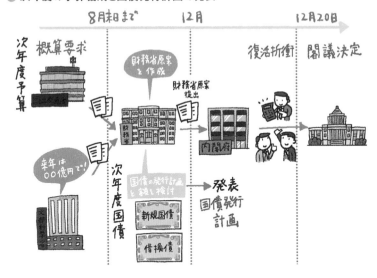

次年度の予算編成と国債発行計画の発表

━ コロナ禍で国債の発行額は過去最大に

　2021（令和3）年度の新規国債の発行額は43兆5,970億円です。うち歳入不足を補うための赤字国債は37兆2,560億円です。コロナ禍の影響による企業の業績悪化などを見込んで、前年度の当初予算より11兆408億円増えました。当初予算で新規の国債発行額が前年度を上回るのは11年ぶりで、**歳入に占める国債の割合は40.9%**になります。

　借換債の発行額は147兆1,929億円で、39兆2,111億円増えています。前年度の補正予算でコロナ対策に短期国債を増発した影響が出ています。2021年度の国債の発行総額は236兆82億円と、前年度当初予算の1.5倍に増え過去最大となっています。

23 個人で買えない債券は どこにいくの?

債券の大口顧客である機関投資家が購入します。

国債の半分近くは 日本銀行がいま保有している

債券市場全体で見ると、取引のメインプレイヤーは**金融機関をはじめとする機関投資家**(P.170参照)です。そもそも購入単位が1億円以上の債券は、個人が対象ではありません。

国債に関しては、実は日本銀行が最も多く2020年9月時点で約45%も保有しています。これは金融緩和政策として、2013年4月から公開市場操作の買いオペ(資金供給オペレーション)を続けた結果です(P.180参照)。**銀行などが持つ国債を日銀が購入したからです。**

国債を売ったお金をもとに、銀行が企業への貸し出しを増やし、借りた企業が設備投資を行って利益が増えれば、従業員の給料も上がります。すると個人消費が増えて景気がよくなり、結果的に国の税収が増えるというシナリオです。日銀が量的・質的緩和を始めて以降、それまで10%台だった日銀の国債の保有率は急激に上がりました。

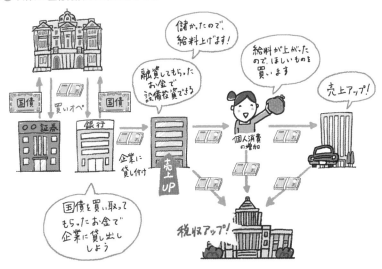

▼ 日銀の金融緩和政策のシナリオ

銀行・生損保・年金・証券会社が 債券の中心的な購入者

　日本銀行以外では、以下のような機関投資家が中心となり債券を購入して保有し、売買しています。

・銀行等（都市銀行、地方銀行、信用金庫等）

　とくに債券を保有するのが、メガバンクを中心とした銀行です。**銀行は預金などで預かった資金の一部を国債などの債券で運用**しています。銀行は公共性が高いので、資産のリスク管理が厳密に求められます。価格変動を小さくするように、5年以内に償還する債券を中心に保有しています。

　国債は銀行同士の取引の担保などにも使われるので、銀行は一定量の国債を手元においておく必要があります。

・生損保会社

　保険会社は、**保険金の支払いを確実に行うために、資産運用によって一定の利回りを確保する**必要があります。銀行と同じように長期運用が基本スタンスですが、損保では突発的に巨額の保険金支払いが生じると、保有している債券を途中で売却することもあります。流動性の高い**国債はいつでも換金できるため、銀行と並ぶ保有率**です[*1]。

・証券会社

　証券会社では、債券部が**債券の入札・落札、引受、機関投資家への販売**などを手掛けています。債券の発行体と機関投資家との仲介により手数料収入を得る重要な部門です。

　個別の債券の流動性確保のため、**証券会社が自ら債券を在庫として持つ**場合もあります。大口の買い注文の際に市場に流通する債券のみで賄えないときなどのためです[*2]。

▼ 4つの機関投資家と債券との関わり方

- ・保険料を債券で長期的に運用
- ・突発的な支払いに途中売却もあり
- ・国債は流動性が高く換金しやすい

- ・預金の一部を国債などで運用
- ・価格変動の小さい中期債を中心
- ・国債は銀行同士の取引の担保に

- ・債券取引の仲介で手数料を得る
- ・流動性確保のため債券を在庫する
- ・自己資金を債券に投資して運用

- ・年金を長期的・安定的に運用
- ・国債から高利回りの外債・株式も
- ・GPIFは世界最大の機関投資家

[*1]：保険会社は日銀の当座預金口座を持っていないため、証券会社を通じて国債を購入しています。

[*2]：銀行・生損保会社・証券会社は、日銀が低金利下でも国債を買ってくれるため、日銀に高く売却できることを想定して国債をたくさん保有しているという側面もあります。

・年金機関

　私たちが加入している国民年金は**GPIF（年金積立金管理運用独立行政法人）**[3]という機関によって管理・運用されています。国民から集めたお金は、国内外の債券はもちろん、株式などさまざまな金融商品に投資されて運用されています。GPIFは約170兆円もの資産を保有しており、世界最大の機関投資家とも呼ばれています。

・債券ファンド（投資信託を含む）

　ファンドによって運用スタンスは異なります。**債券型投資信託の多くは、中長期での安定的な運用を目指して格付の高い債券中心に売買**をしています。債券型のヘッジファンドなどは、短期間で利益を上げるために、リスクの高い社債や外債の売買を頻繁に行っています。

🔽 **それぞれの機関投資家が狙うリスク・リターンと運用期間**

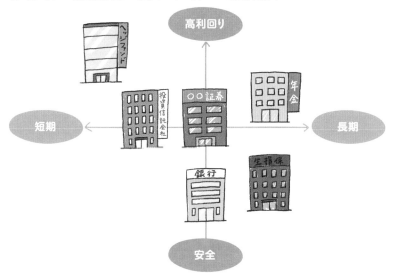

---

*3：Government Pension Investment Fundの略。

24 社債の金利は どう決まるの?

国債の金利を基準に企業のリスク分を上乗せします。

社債の金利は 国債の利回りがベースとなる

　国内債券で最も安全なのは国債です。デフォルトリスクがない国債の金利を**リスクフリー金利**といいます。民間企業が発行する社債の金利は、国債よりリスクが高いため、その分国債の金利に上乗せされます。

　社債のリスクは**発行体である企業の信用リスクと、金利変動リスク**＊**、流動性リスクの3つ**に大きく分かれます。発行の際に、引き受ける証券会社がそれぞれのリスクを判断し、国債金利に上乗せする金利を計算します。

　さらに、市場の需要を予測し、類似する企業の償還期間が近い社債と比較して、バランスをとるように最終的な金利が決定されます。こうして決まる社債の金利と国債の金利の差を**スプレッド**といいます。

　　スプレッド＝ある社債の金利－国債金利

＊金利が変動することによって、債券価格が変動するリスクのことです(P.136参照)。

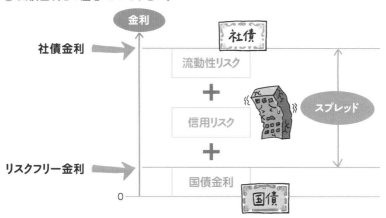

▼ 国債金利との差をスプレッドという

- 金利
- 社債金利
- 社債
- 流動性リスク
- ＋
- 信用リスク
- ＋
- リスクフリー金利
- 国債金利
- 国債
- スプレッド
- 0

社債の金利と国債金利との差である スプレッドは社債のリスクを反映する

　スプレッドは社債のリスクの高さを判断する指標になります。大きければリスクが高く、小さければリスクが低いのです。

　たとえば10年国債の金利が1.5％のとき、10年償還の社債が2.5％で発行された場合、スプレッドは1.0％です。同じ企業の社債が、その後少し低い金利2.3％で発行されたら、スプレッドは0.8％に**タイトニング**（幅が縮小）したといいます。企業の財務内容がよくなり、リスクが低下したことや需給環境がよくなったことを意味します。

　逆に金利3.0％で発行されると、スプレッドは1.5％に**ワイドニング**（幅が拡大）したといいます。財務状況が悪化し、リスクが増大したことや需給環境が悪化したことを意味します。格付機関による格付けの変化によってもスプレッドは変動します。

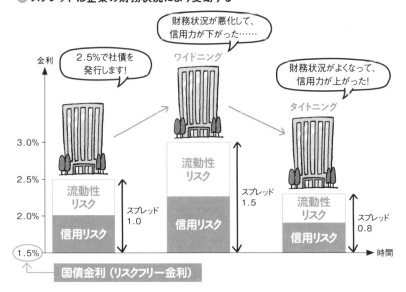

▼ スプレッドは企業の財務状況により変動する

社債発行のサポートを行う証券会社

社債の金利は、発行体である企業の財務状況はもちろん、募集額や償還期限、金利動向によっても異なります。一概にA社の社債の金利は○○％と、証券会社が決めることはできません。社債の発行を引き受けする証券会社では、

- 発行体の財務状況、将来的な見通し
- 購入見込み先の有無
- 機関投資家などの購買意欲
- 同格付けの企業との比較

といった、さまざまなことが考慮されて金利が決定されます。
社債を発行する企業は利払い金額を抑えるため、より小さいス

プレッドでの発行を希望します。しかし、企業のリスクに見合わない低金利では投資家は買ってくれず、希望額を調達することが難しくなります。募集が発行額に到達しないと、債券自体が発行されないこともあります。

　そのため、証券会社は社債を発行する企業と、購入先となる機関投資家のあいだに立ち、**企業の望む金利設定**を考慮しつつ、**機関投資家が求める利回りを満たす**利率を設定するバランス感覚が求められます。この調整を行う部署は、多くの証券会社で「**シンジケーション**」と呼ばれています。シンジケーションは、社債を引き受けるかどうか最終判断する権限も持っています。

　証券会社では、発行体からの依頼だけでなく、自ら企業に赴いて社債での資金調達を勧めることもあります。こういった発行体との連絡窓口になっているのは「リレーションシップ・マネージャー」と呼ばれる人たちで、企業ごとに担当者が決まっていることが一般的です。

🔽 **証券会社は発行体と投資家のあいだをとって利率を決める**

25 利子の支払いと 償還の手続きは?

利子、償還金ともに期日になれば
自動的に取引口座に払い込まれます。

利払いも償還も決まった 期日に取引口座に入金される

　紙の債券の時代は、債券の利払いや償還は投資家が自分で指定金融機関に利札や債券を持ち込むことで、利子や償還金を受け取っていました。

　現在の債券取引はすべてのプロセスが電子化されています。そのため、投資家側で特別な手続きは必要ありません。**利払い日には、自動的に指定の取引口座に利子が入金**されます。たとえば、国債の利子は半年分がまとめて支払われます。**債券の償還時も、償還日になれば自動的に取引口座に入金**されます。投資家で特別な手続きは必要ありません。

国債の利払いと償還には時効がある

　実は、国債の元本と利子の支払いについては、ほかの債権と同じように消滅時効の制度があります。**行使しない状態が一定期間継続すると債権が消滅**します。

　元本については償還日から10年、利子については利払い日から５年が経過すると消滅時効が成立して*、国債の元利金の支払いが請求できなくなります。

　紙の債券だった時代は、支払いが消滅時効によって返済されなかったケースがあり、今でも相続時に古い紙の国債証券が見つかることもあるようです。

　2003年1月以降に発行のすべての国債は、紙の証券は発行されず、日本銀行の国債振替決済制度を利用しています。券面を発行しない国債は**振替国債**とも呼ばれます。日本銀行や各金融機関に設けられた**振替口座簿上で、各国債の銘柄、保有者、保有額等が管理**されています。

　利子や償還金については、振替口座簿を管理する金融機関を通じて確実に支払われるしくみですので、投資家がすることはなにもないといっていいでしょう。

第3章

債券の買い方・売り方と満期まで

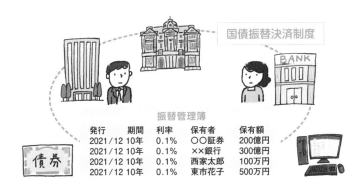

発行	期間	利率	保有者	保有額
2021/12	10年	0.1%	〇〇証券	200億円
2021/12	10年	0.1%	××銀行	300億円
2021/12	10年	0.1%	西家太郎	100万円
2021/12	10年	0.1%	東市花子	500万円

＊国債ニ関スル法律第9条

26 債券を途中で 売りたいときは?

 証券会社に買い取ってもらいます。

債券を途中で売る場合は 相対取引になる

　保有する**債券を償還前に売りたいときは、証券会社に売却します**。債券は投資家同士の相対取引が基本ですが、種類・期間・限月・数量などの条件が多様すぎるため、希望条件がぴったり一致する相手を探すのは現実的ではありません。

　そこで証券会社が一度投資家の債券を購入して、別の投資家に売却するという流れが一般的です。この際、証券会社に手数料を払う必要はありません。

　売却価格は実際に証券会社に聞いてみるまでわかりません。証券会社はその債券の市場相場や、流動性リスクを加味して取引価格を決めます。証券会社によって**価格が異なることや、そもそも取り扱わない債券もあります**。

　売買がほとんどない＝流動性の低い債券の場合、買い手がいないため買ってくれなかったり、額面金額より大幅に安い金額を提示されたりする可能性もあります。

個人向け国債だけは額面通りに 途中換金ができる

個人向け国債は発行から1年経過すれば途中で換金してもOK、という制度設計がされているため、ほかの債券とは違い、速やかに途中換金をすることができます。ただし、途中換金する場合は**直前2回分の各利子（税引前）相当額×0.79685が差し引かれる**ので注意が必要です（P.56参照）。

株式と違って、個人投資家にとって債券は短期売買で利益を得るような金融商品ではありません。償還まで保有する長期投資が基本です。途中売却は差損が出る可能性が高いと考えておいたほうがいいでしょう。

27 どうやって 売買相場がわかるの?

情報は限られますが、先物取引の値動きが
指標になります。

━ 債券の価格を確認できるウェブサイト

相対取引である、債券の取引価格はオープンになっておらず、
リアルタイムで把握するためには**日本相互証券やブルームバー
グ、ロイターといった専門業者の端末**が必要です。端末を持たな
い個人が知ることはできません。

ちなみに、金融機関など多くの金融のプロが使っている金融情
報端末は、ブルームバーグが提供している「ターミナル」です。な
んと年間2万ドルもの使用料がかかりますが、世界中で31万人以
上の契約者がいるといわれています。そこで、リアルタイムでは
ないものの、一定のタイミングでの債券取引価格を統計値で知る
ことができるいくつかの情報源を紹介しましょう。

・東京証券取引所

東京証券取引所のサイトでは、毎日の日本国債の各種類の価格
情報が開示されています。

国債基準値段

https://www.jpx.co.jp/markets/equities/bonds-price/
index.html

・日本証券業協会

日本証券業協会のサイトでは、日々の公社債の価格情報が確認できます。

公社債店頭売買参考統計値

https://market.jsda.or.jp/shijyo/saiken/baibai/baisanchi/index.html

社債の取引情報

https://www.jsda.or.jp/shiryoshitsu/toukei/saiken_torihiki/index.html

日々チェックすれば、経済環境の変化に伴う債券相場の変化を理解できるようになります。

🔻 **証券口座では保有債券の評価はわからない**

株式				
	取得単位・参考価格	現在値	評価損益	
			現買 現売 償買 償売	
0000 A社				
100	2,155	1,813	-34,200	

取得した金額、現在の価格、評価損益がすぐにわかる

債券				
利率（%）保有額面	償還日買付価格	利払日		
		約定為替	約定金額	
第3回B社無担保社債				
1.190	23/07/31	01/07-30		
500,000	100,000	―	500,000	

発行条件と期日、保有額面はわかる

自分の証券口座では現在の債券の評価はわかりません

▶ 証券口座の資産保有状況を見ると、株式には現在の価格や評価損益が表示されますが、債券には表示されず現在価格や相場がわかりません。

国債先物は実在しない 架空の債券を対象としている

国債の価格は、大阪取引所に上場する国債先物の価格が指標になります（P.96参照）。取引金額が大きい機関投資家による取引が中心なので、プロが考える今後の債券相場の見通しが先物価格に反映されるのです。

国債は非常に多くの種類が存在しているため、種類ごとの先物取引は事実上不可能です。そこで現物の国債ではなく、大阪取引所が利率（6％）や償還期限（10年）などと設定した**標準物と呼ばれる架空の国債**を先物取引しています。

現在、上場されているのは、中期国債先物、長期国債先物、超長期国債先物、ミニ長期国債先物の4種類です。不特定多数の人が、取引所取引で同じ条件で売買できます。

🔻 **国債先物の種類**

種類	利率 償還期限	取引単位	呼値
中期国債 先物取引	3％ 残存5年	1億円	額面100円に つき1銭
長期国債 先物取引	6％ 残存10年	1億円	額面100円に つき1銭
超長期国債 先物取引	3％ 残存20年	1億円	額面100円に つき1銭
ミニ長期国債 先物取引	6％ 残存10年	1,000万円	額面100円に つき0.5銭

▶ 呼値は、売り買いの値段（単位）のことです。ミニ長期国債先物を除き、取引単位が額面で1億円、呼値が1銭（額面100円につき）なので1呼値＝10,000円になります。

債券の価格は先物市場の動きが参考になる

先物相場は市場参加者の見通しに敏感に反応するため、**現物債券の将来の価格予想に役立ちます。**

先物取引には金や原油などの商品（コモディティ）から株価指数などの金融商品までさまざまありますが、債券先物の大きな特徴は**利子が決まっている**ので、それを織り込んだ**将来の理論価格が算出できる**ことです。

年利1％の債券が100円で取引されている場合、将来の金利も1％のままであると市場が予測するなら、3カ月後の理論価格も100円、6カ月後も100円、9カ月後も100円……となるはずです＊。もし、先物価格が現在価格よりも低い水準となっているなら、債券相場は将来下がると市場参加者が考えているのです。

実際の将来価格は、発行体の財務状況やファンダメンタルズ（P.140参照）の影響を受け理論価格とはズレます。しかし、債券は確定している利子収入がある分、現物価格と先物の理論価格の間にズレが生じにくいといわれています。

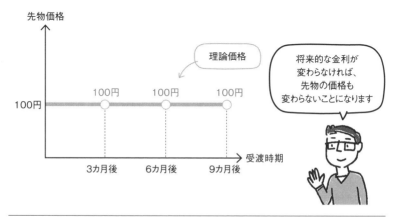

＊実際の標準物の利率が6％のため、現在の先物価格は150以上になっていますが、わかりやすくするために、あえて市場実勢と標準物の利率を同じとして説明しています。

28 企業が破綻したら 社債は紙切れになる?

 残った資産によって回収できることもあります。

企業が倒産しても 社債はゼロになるとは限らない

　倒産した企業は企業再建が行われるケースと、保有資産を処分して最終的に企業が清算される（消滅させる）という2つのケースに分かれます。

　企業再建が行われるケースでは、**負債の削減などの債権カット**が行われたあとに再建が行われます。カット率はケースバイケースで、債権者集会によって決められたのち、裁判所の認可を受けます。カット率が8割と決定されれば、社債を持つ債権者は8割の損失が確定しますが、再建が成功すれば額面金額の2割は回収できます。

　企業が清算される場合は、**企業の保有資産（売掛金、在庫、不動産等）の回収や売却を行って資産を現金化**します。それが債権者間で平等に分配されます。残った資産額により分配（配当ともいう）が10％と決まれば、社債の保有者も元本の10％が回収可能です。

　企業が再建か清算のどちらを選ぶかは、財務状況はもちろん、債権者のメリット（回収額）がどちらのほうが多いかなどで決め

られることになります。

普通社債より弁済順位が高い
担保付債券

　債権には**債権者平等の原則**があるため、企業が破綻した場合も、銀行等の大口債権者と外注先等の少額取引の**債権者は基本的に平等に扱われ、弁済時には同じ配当率**が適用されます。社債の保有者も同じです。

　銀行融資は担保をとることが多いですが、債券にも発行時に担保を設定している債券があります。**担保付債券**といって、一般の債券より先に弁済を受けられます。

　担保付社債には2つの種類あります。**一般担保付社債**は、企業の全財産によって優先的に弁済される権利が付されている社債です。電力債やJR債などです。

2つ目の**物上担保付社債**は、企業が保有する特定の物的財産（土地、工場、機械設備など）を担保としている債券です。企業が債券を償還できなくなったときには、受託会社＊が担保権を実行して、債権者に分配されます。

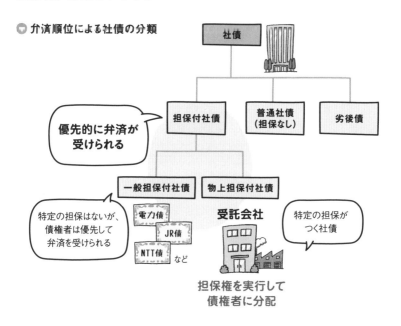

◉ 弁済順位による社債の分類

社債

担保付社債 ｜ 普通社債（担保なし） ｜ 劣後債

優先的に弁済が受けられる

一般担保付社債 ｜ 物上担保付社債

特定の担保はないが、債権者は優先して弁済を受けられる

電力債
JR債
NTT債 など

受託会社

特定の担保がつく社債

担保権を実行して
債権者に分配

弁済順位が低くなる代わりに
利回りがよい劣後債

　逆に、一般の債券より弁済順位が低い債券もあります。それが**劣後債**です。その名のとおり、普通の債権者よりも**弁済順位が劣る＝分配が後回しになる債券**です。

　劣後債は、発行体と投資家の双方にメリットとデメリットがあります。発行体にとっては、劣後債での資金調達額の一部を格付

＊債券の発行事務の代行、担保物件の査定、担保権の設定、登記などの業務を行う会社で、銀行がその役割を担っていることが多い。

会社が株式と同等の資本性があると認めているため、格付けの悪化を防ぐ効果があります。その一方で、高い金利を払う必要があります。

　また、金融機関には厳しい自己資本比率規制がありますが、劣後債は一定の制限のもと**資本として計上できる**ため、自己資本比率を守るために発行されることがあります。

　投資家にとっては、企業破綻の際に資金を回収できないリスクは高まりますが、劣後債は**普通社債より高い金利が設定されている**ため高いリターンが狙えるのです。

　企業が発行する劣後債は、普通社債と株式との中間的性格を持っていることから、**ハイブリッド証券**と呼ばれています。

🔻 ハイブリッド証券とも呼ばれる劣後債

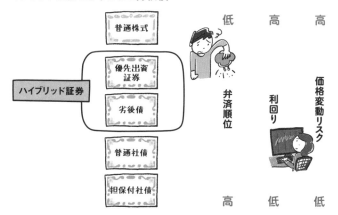

▶ 優先出資証券は、信用金庫など協同組織金融機関のみが発行できる債券です。やはり優先的配当を受ける権利があります。

　なお、株主に対する分配（正式には**払い戻し**といいます）は、債権者に対し100％の弁済がなされたのちに行われます。企業再建でも清算でも、**債権者に対する配当率が100％に達するケースはほとんどない**ので、株主は投資金額がゼロになる覚悟が必要です。

29 利子や売却益・償還差益にかかる税金は?

金融商品なので、株式投資にかかる税金と
同じように課税されます。

債券の利子や売却・償還時に
かかる税金は株式と同じ

金融商品の売買で利益を得た場合は、利益額に対して納税する義
務があります。債券投資で得られる利益は3種類に分類できます。

①利子
②売買益
③償還差益

これら利益の税金は、いずれも**税率20％**（所得税15％、住民
税5％）で統一されています[*1]。外債の税金も同様です。

公社債（および公社債投資信託[*2]）の課税方式は、上場株式（お
よび公募株式投信）の課税方式と同じです。**債券の利子＝株式の
配当、債券の売却益・償還差益＝株式の売却益**と考えれば、株式
投資をやっている人ならシンプルにわかりやすいでしょう。

---

*1：所得税については、個人には2013（平成25）〜2037（令和19）年、基準所得税額に対して
2.1％の「復興特別所得税」が加算されるため、最終的な税率は20.315％となります。
*2：株式を組み入れることなく、国債や金融債など安全性の高い公社債を中心に運用する投資信託。

🔻 債券で得た利益にはすべて20%の税金がかかる

利子所得　売買益（譲渡所得）　償還差益（譲渡所得）

値上がりしたので売ります

利子

債券　○○証券

償還金

売却金額 − 購入金額　　償還金額 − 購入金額

すべて 20% の税金がかかる

金融所得課税が一本化されて 債券投資の利便性が向上した

　2016年1月に金融所得の一本化が実施されました。債券・公社債投資信託も、株式・公募株式投信と同様に課税方式が**申告分離課税方式**となりました。

　また、株式などのほかの金融資産との**損益通算も可能**になりました。一定期間内の証券投資の利益と損失を相殺できるのが損益通算です。株式や債券の売却（償還）で利益が出た場合は税金がかかりますが、一方で損失が出た金融商品があったときには、**利益から損失を差し引いてよいので、収める税金が減る**ことになりま

す。期間内に損失を上回る利益がない場合は、**確定申告を行えば損失を3年間繰り越し（繰越控除）**できます。

🔻 損益通算は3年まで繰り越しできる

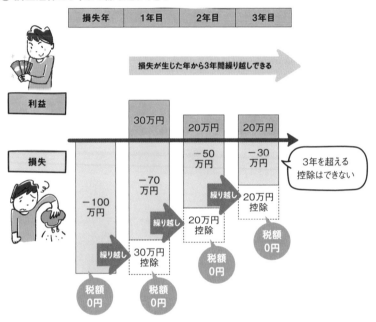

確定申告するかどうかで証券口座の種類は選ぶ

　証券会社で**特定口座***を開設する際、「源泉徴収あり」にするか「源泉徴収なし」にするかを選択できます。途中で変更することも可能です。

　債券の利子については、発行体からの利払い時に源泉徴収されます。売却益・償還差益については、源泉徴収ありの口座では払

---

*特定口座は証券会社が年間取引報告書を作成してくれ、それを資料として確定申告できます。一般口座の場合は、収支報告資料も自分で作成する必要があります。

い込み時に源泉徴収されます。源泉徴収なしの口座では、自分で確定申告して納税します。

　証券取引による利益が年間20万円以下の場合、納税は原則不要です。しかし、源泉徴収ありの口座では必ず源泉徴収されるので、利益が年間20万円を超えない見込みなら源泉徴収なしの口座にすると節税できます。もし20万円を超えたら確定申告しましょう。

　証券口座の種類には**一般口座**もあり、こちらは必ず確定申告をする必要があります。数年前までは、外債が含まれている公募公社債投信は一般口座でしか取引ができませんでしたが、現在はそういったこともありません。個人投資家はあまり使用する機会はないでしょう。

　証券会社にもよりますが、外債を取引する場合は、追加で**外国証券取引口座**の開設が必要になることもあります。

🔽 **証券口座によって納税方法は変わる**

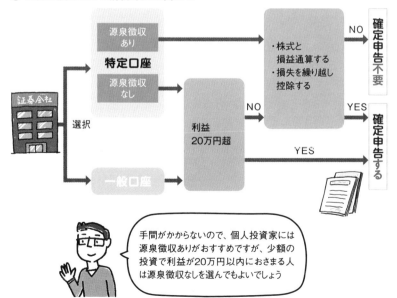

手間がかからないので、個人投資家には源泉徴収ありがおすすめですが、少額の投資で利益が20万円以内におさまる人は源泉徴収なしを選んでもよいでしょう

Column 3

国債をいろんな投資家に
購入してもらいたい財務省

　日本の国債発行残高は1千兆円を超えています。簡単にはイメージできない金額ですよね。国債の莫大な発行残高のほとんどは日本銀行や国内の金融機関によって保有されているというのは、本文で説明した通りです。

　日本国債の信用力が高いのは、毎年新たに数十兆円が発行されても、国内の機関投資家によって安定的に引き受けされている状態だからです。

　その一方で、財務省は今後も国債の安定消化を図るために、幅広い投資家層が国債を保有することが重要な課題であるといっています。具体的には、個人投資家や海外投資家などです。投資家それぞれが異なる投資ニーズに基づいて国債を保有していれば、市況が変化した場合でも、相場が一方向に流れることを防ぎ、市場を安定させる効果があります。

　そのため、財務省ではさまざまな取り組みを実施しています。たとえば、2014年7月、情報発信体制を強化して、調査・分析部門と連携しながら効果的かつ効率的なIR活動を行えるように、理財局国債企画課内に「国債政策情報室」を設置しました。海外投資家に向けたIRでは、投資家のニーズに応じてきめ細かな情報を提供したり、日本国債認知度向上のために海外でセミナーを行ったりしています。

債券価格が変わる理由には何がある？

第4章

ふだんの生活では、債券を身近に感じる機会は少ないでしょう。
しかし債券相場は、私たちの生活や景気と密接に関係しています。
この章では、金利や景気と債券価格の関係や、
評価の基礎となるデュレーションなど、
債券のより深いしくみを解説していきます。

30 金利が上がると債券価格が下がるのはなぜ?

 新しい債券のほうが利子が高くなるからです。

― 債券を現金化したいときを考えてみよう

　発行された債券の価格は、さまざまな要因で変動します。なかでも、**そのときの金利、将来の金利の見通し**に大きく影響されます。

　わかりやすく、毎月発行されている国債を例に説明しましょう。同じ5年の固定利付国債で、利子が2％のものと3％のものがあったら、あなたはどちらを買うでしょう？　間違いなく3％のものを買いますよね。

　では、あなたは利子2％の国債をもっていて、現金化するため売りたいとします。そのとき金利が上がっていて、今月は利子3％の国債が発売されるとしたら、買った価格では売れないことはわかるでしょう。

　利子3％の国債と利回りが同じになれば買ってくれる人がいるかもしれません。**利子が低い分は償還差益で補う**ようにします。つまり**販売価格を下げる**しかありません。

　逆に、売るときに今月の国債の利子が1％に下がっていたとします。利子2％の国債はプレミアムがついて、**発行時より高い価格でも買いたい**という人が出てきます。**そこで値上がりする**のです。

このように金利と債券価格は反対に動きます。

- **金利が上がると、債券価格は下がる**
- **金利が下がると、債券価格は上がる**

これは一般的な法則なので覚えておきましょう。

実際には同じ5年国債でも、既発債と新発債では残存期間が違いますから、償還までにもらえる利子の総額を計算し、同じ残存期間の国債と利回りが釣り合うように価格が決まります。

🔽 **金利と債券価格の動きは反対になる**

債券の価格は残存期間が短いと変化も小さくなる

債券価格は償還日が来るまで変動しますが、その変動幅は、**債券の償還までの残存期間の長さ**によって異なります。

国債のように信用力の高い債券で考えてみると、あと1年未満など残存期間が短ければ、デュレーション（P.158参照）が短いため、債券価格の値動きはほぼ発生しません。また、**償還期間が短い債券ほど一般的に利率が低いため、利回りの観点からも価格変動の余地は小さく**なります。

10年、20年と残存期間が長くなれば、償還されるまでに景気・金利の変動、インフレ、政情不安、災害、戦争など、さまざまなリスクの発生が想定されます。50年後となると、確実に償還されるか予測できません。貨幣価値が変わるかもしれません。

● 残存期間が長いほど価格変動は大きくなる

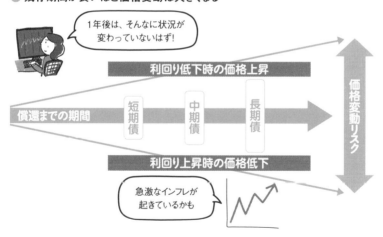

そのため、**残存期間が長い債券ほど債券価格の変動幅は大きく**なります。国債に比べ信用リスクが高い社債や、政治・経済が不

安定な国の国債は、より短い期間で価格の変動は大きくなります。

　価格変動の波が激しいことを**ボラティリティ（volatility）が大きい**といいます。金融商品のボラティリティはリスクが高いほど大きくなります。債券に限らずよく使われる金融用語ですので覚えておきましょう。

金利が上昇すると判断したときは、債券投資は慎重に

　債券投資家は、金利の動きを常に気にかけています。これから金利は上がるのか、下がるのか、さまざまな情報から判断して取引しています。

　一般的に金利は、資金の需要と供給の関係で変動しますが、中央銀行が金融政策として金利を操作することもあります。中央銀行は常に金融市場の動向をチェックしており、**金利の変更を行う際は、市場の反応を十分に考慮**したうえで行うことがほとんどです。

　金利の上昇（債券価格の低下）局面の債券投資は慎重に行う必要があります。中央銀行の動向に注目しておきましょう。

🔽 **金利が上がりそうなら債券投資は慎重に**

31 金利に影響を与える要因は?

景気・物価・株価など複数の要因があります。

━ 債券価格を左右するファンダメンタルズ

　金融商品の価格は、国や企業の経済活動の状態を示す基礎的な指標に影響を受けます。たとえば、景気・金利・物価・株価・為替などです。これらをファンダメンタルズといい、動向を把握しておくことは資産運用においてとても重要です。個別株式では決算が代表的なファンダメンタルズです。

　債券*は金利で価格が決まるため、**金利に強い影響を与える景気・物価がとくに注目しておくファンダメンタルズ**になります。金利は国内だけでなく米国の金利の影響も受けます。現在の金融相場は国際的で、わかりやすい例では、為替は対象国のGDPや失業

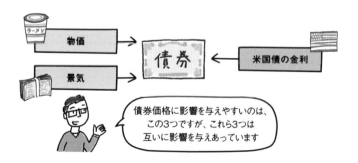

*ここでは、話を単純化するために債券＝国債として解説しています。

率などの経済状態がファンダメンタルズとなります。

景気によって、金利は変動する＝債券価格も変わる

　景気がよくなると金利は上昇し、**景気が悪くなると金利は低下**する傾向があります。すると間接的に、景気と債券価格も逆の動きをする傾向があります。

　景気と金利が連動する理由は次のように説明できます。好景気だと物がよく売れ、企業は積極的に設備投資をします。すると資金需要が多くなって、需要と供給の関係で金利が上がります。金利が高くても借りてくれるからです。不景気になると、企業は設備投資を控え、資金需要は落ち込み、金利は下がります。

🔽 **景気による債券価格の変動**

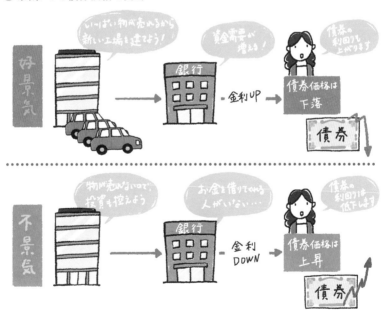

国の景気対策の影響もあります。日本銀行は景気に応じて、政策金利*を操作します。好景気が続くとバブルにならないよう金利を上げて過剰な投資を抑えます。不景気になると金利を下げて設備投資を促します。

　さらに、好景気では企業業績が好調になって株価が上がります。すると**債券よりも株式に投資しようという投資家が多くなります**。債券は売られ、価格は下がります。

　これらの要因により、景気の動きと債券価格は逆の動きをするのです。

物価の変動も債券価格に影響を与える
〜オイルショックの事例〜

　物価の動きと債券価格の動きも逆になります。**物価が上がると債券価格は下がり、物価が下がると債券価格は上がる**傾向があります。

　これも物価と金利の動きに関係します。物価が上がると、政府は通貨価値の安定のために急激なインフレを防ごうとします。市場にお金が余っている状態なので、企業に過剰な投資をさせないように金利を上げます。1980年代後半のバブル経済のころがこれにあたります。

　物価が下落すると、企業に入るお金が減って業績は悪化します。すると企業で働く人の給料も減って、消費が落ち込み、景気が悪化していきます。そこで、政府は景気をよくするために金利を下げます。バブル崩壊後20年続いたデフレスパイラルがこの状態です。このように、**物価→金利→債券価格と間接的に影響を与える**ことになります。

＊日本銀行が金融政策の指標にする金利で、金融機関同士が無担保で1日借りるときの「無担保コール翌日物金利」が該当します。2016年以降マイナスになっています。

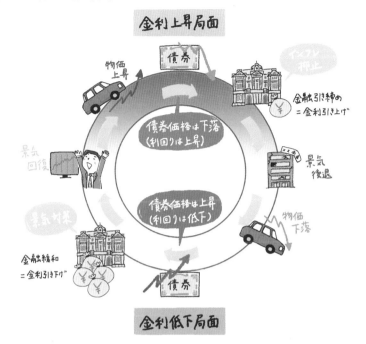

　たとえば、1973年の第一次オイルショックのとき、日本では石油価格が4倍になり、それに伴い卸売物価、消費者物価指数のいずれもが20〜30％程度上昇しました。1973年中に、公定歩合*は4.25％から9.00％に引き上げられました。

　公定歩合のあとを追うように、長期金利も上昇しました。このときの10年国債（新発債）の長期金利を年平均で見ると、1972年には6.9％だったのが、1973年に7.0％となり1974年には8.1％まで急騰しました。以降は8％台が続き、その後、インフレを防ぐために**金融引き締め政策が実施された結果、債券の利回りは上昇（債券価格が低下）**しました。

---

*金融自由化以前の、日本銀行が民間の金融機関に貸し出す際の金利のこと。かつては公定歩合の変更で民間の貸出金利を操作していました。

32 株式相場と債券相場は逆の動きをする?

株価上昇は景気をよくして、
金利を押し上げるためです。

株価と債券価格は逆の動きをすることが一般的

多くの場合、**株式相場と債券相場は逆の値動き(逆相関の値動き)を見せます。**

投資資金の流れの観点から考えると、景気のよいときは企業の業績アップの恩恵を受けたい投資家の資金が株式市場に流入するため、株式相場は上昇して債券相場は下落する傾向があります。景気が悪くなり株式相場の下落が続くと、**利子で確実な利益が得られる債券市場に資金が流入し、債券相場が上昇する**ことが多くなります。

株式相場は景気に先行して上昇する傾向にあるため、景気回復の初期は株式相場が上昇する反面、債券相場が下落します。好景気が終盤に差し掛かると、株式相場は下落して債券相場が上昇する値動きが見られるようになります。

ただし、不景気のときに中央銀行の金融政策により金利が引き下げられると、景気回復に対する期待感から株式相場が上昇することがあります。その場合、株式と債券がともに上がる可能性があります。

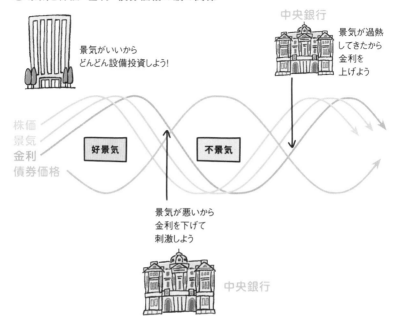

景気と株価・金利・債券価格の波の関係

中央銀行

景気がいいから
どんどん設備投資しよう!

景気が過熱
してきたから
金利を
上げよう

株価
景気
金利
債券価格

好景気

不景気

景気が悪いから
金利を下げて
刺激しよう

中央銀行

▶ 株価は景気に先行して上がります。金利は景気のあとを追って上がります。債券価格は金利と反対に動くので、株価と逆の波を描くことが一般的です。

ただし債券に限らず、相場に絶対的な公式は存在しません。業績のよい企業の株価がちょっとした要因で急落することがあるのと同じように、債券価格も不景気の際に下落する場合もあります。

株価と債券価格がともに下落する事例もあります。リーマン・ショックのときは、企業の業績悪化や倒産を見込んで、株式が下落する一方で、本来であればリスクヘッジで買われる債券も同時に売られていました。

株式相場が債券相場に与える基本的な傾向を理解することは大事ですが、例外の動きがあるという冷静な認識をもつことも重要です。相場は教科書どおりには動かないと心得ておきましょう。

株式と債券への投資でリスク分散を図ろう

投資の格言に「**タマゴは1つのカゴに盛るな**」というものがあります。1つにカゴにタマゴをすべて入れていた場合、カゴを落とすと全部割れてしまいます。しかし、複数のカゴに分けて盛っていれば、どれか1つのカゴを落としてもほかのカゴに入れたタマゴは助かります。

同じように、1つの金融商品にすべての投資資金を集中させてしまうと、対象商品が下落したときに、損をする一方です。**複数の金融商品に分散して投資すれば、運用時のリスクを軽減しつつ、収益を安定させる**ことができるという意味です。

たとえば、株式と債券に分散しておくと、景気変動による値動きが基本的に逆になるので、投資全体で損益を相殺することができます。

そのうえで、リスクをとって収益を大きく狙うなら株式を多め

に、安定的な運用を望むなら債券を多めに、というように投資方針によって配分を考えます。

　このように運用する資金を、株式や債券などにどのような割合で投資するかを決めることを、**アセットアロケーション**といいます*。金融商品の種類だけでなく、地域、時間を分散することもアセットアロケーションです。

🔽 **アセットアロケーションの具体的な方法**

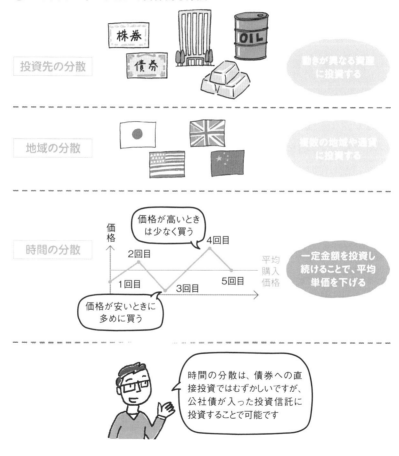

*assetは資産、allocationは配分の意味です。

日本の債券はすべて単利で計算していいの?

債券の価値は、利付債も割引債も
すべて複利で計算します。

利付債も割引債も複利で計算する

　債券の価値を考えるうえで重要なことは、将来のさまざまなタイミングでさまざまなキャッシュフローが発生するという特性を持つ**債券の価値を同じ基準で比較できるようにする**ことです。

　利付債の場合であれば、毎年一定のタイミングで金利収入が発生し、償還日に元本が償還されます。割引債の場合は、期間中の利払いがなく、償還日に元本のみが償還されるというキャッシュフローになります。

　この点は、株式投資と大きく性格が異なる部分ですので、きちんと理解しましょう。

キャッシュフローのタイミングがバラバラであるものの価値を比較するために、**すべてのキャッシュフローをある時点の価値に合わせる作業を「割引く」**といいます。そして、この割引く際に複利を利用します。

債券A
年利5%
5年後に額面100円で償還
100円で売られている

どれがお得なのかわからない……

債券C
年利3%
10年後に額面100円で償還
102円で売られている

債券B
年利7%
5年後に額面100円で償還
108円で売られている

債券C
年利2%
7年後に額面100円で償還
101円で売られている

このように異なる債券をある時点の価値に合わせることを「割引く」といいます。この際に複利の計算が用いられます

　基本的に価値を計算するタイミングは「今現在」なので、「現在価値」を計算することが中心になります。先に解説した国債先物（P.125参照）については、今より一定期間先の「その時点での現在価値」を計算しているわけです。

　現在価値の計算は難しいものではありません。将来のキャッシュフロー（将来価値）を金利で割引くだけです。n年先の将来価値を現在価値に割引く計算式は次のとおりです。

現在価値＝将来価値／（1＋年利）^{n}　……A

　つまり、将来価値を**（1＋利率）で運用年数回割る**ことで現在価値を計算できます。

利付債が生む毎年の利益の現在価値を計算してみよう

実際に先ほどの数式を用いて利付債の現在価値を計算してみましょう。

年利1%の5年国債を10,000円購入したとします。1年目から4年目までの収益は毎年の利子100円で、5年目の収益は10,100円（利子100円と償還金10,000円の合計）です。

毎年の収益（将来価値）を計算式Aに当てはめて、それぞれの現在価値を算出します。

1年目利子の現在価値＝100円／$(1+0.01)^1$＝約99円
2年目利子の現在価値＝100円／$(1+0.01)^2$＝約98円
3年目利子の現在価値＝100円／$(1+0.01)^3$＝約97円
4年目利子の現在価値＝100円／$(1+0.01)^4$＝約96円
5年目利子＋償還金の現在価値＝
　　　　　10,100円／$(1+0.01)^5$＝約9,610円

利率						
1%						償還年
	当初	1年目	2年目	3年目	4年目	5年目
受取額		100	100	100	100	10,100
現在価値		99	98	97	96	9,610
現在価値合計	10,000					

現在価値の合計は、購入価格の10,000円に一致します。これを使えば、金利が変化したときの債券の価格も計算することができるようになります。

　割引債の場合は、キャッシュフローが満期日の1回しかないので、計算はもっと簡単です。5年後に10,000円で償還される利回り5％の割引債であれば、計算式は以下のようになります。

現在価値＝10,000／(1+0.05)^5＝7,835円

複利計算は、ほかの金融商品との利回り比較 または債券価格の比較に使われる

　このように、複利の考え方での現在価値の計算を活用すると、**さまざまな金融商品や収益性が異なる債券を同じモノサシで比較する**ことができます。

　たとえば、5年後に額面100円で償還される年利5％の債券Xが100円で売られている場合と、5年後に額面100円で償還される年利7％の債券Yが108円で売られている場合、一見どちらのほうが利回りがいいかわかりませんよね。

　この2つの債券を比較するために、複利の考え方を用いて、将来価値と現在価値から利回りを計算してみます。計算が5次式を用いた複雑なものになるので省略しますが、債券Xの利回りは5％、債券Yの利回りは5.145％になります。

　債券Yのほうが複利で考えた利回りが高いので、同じ5年だった場合、年利7％なら価格が108円でも安いということがわかります。つまり、債券Yのほうがより、投資パフォーマンスは優れているということです。

◯ 債券Xと債券Yの比較

債券X　年利5%、残存5年、価格100円

複利の利率						
5%					償還年	
	当初	1年目	2年目	3年目	4年目	5年目
受取額		5	5	5	5	105
現在価値		4.76	4.54	4.32	4.11	82.27
現在価値合計	100					

債券Y　年利7%、残存5年、価格108円

複利の利率						
5.145%					償還年	
	当初	1年目	2年目	3年目	4年目	5年目
受取額		7	7	7	7	107
現在価値		6.66	6.33	6.02	5.73	83.26
現在価値合計	108					

━ 海外の債券も複利計算が一般的

　現在、国内の債券はほぼすべてが利付債です。しかし、国内の債券は複利をベースに単価を計算して売買代金を算出しており、

これは世界の債券市場も同じです。

　ただし、海外の債券市場で用いられる複利計算は、**米国債は年2回複利、欧州（大陸）債は年1回複利**の計算になるなど、国・地域の慣習によって違いがあります。

　日本の証券会社では、米国債などの外債を販売しているところも多いので、投資を検討する場合は、米国方式や欧州方式の複利の考え方が気になる人もいるでしょう。計算式は非常にややこしいので本書では説明しませんが、SMBC日興証券などのサイトでは、取り扱っている外債の複利での利回りが掲載されています。投資する際は、こういった情報を活用するとよいでしょう。

異なる種類の債券を比較するためには、
複利計算を用いる必要があるのです

34 イールドカーブって なんですか？

投資の判断基準になる
残存期間に応じた利回りのグラフです。

残存期間と複利での利回りの 関係を表すイールドカーブ

債券は残存期間により将来的に得られる利益が異なるため、**残存期間が債券価格に大きな影響を与えます**。既発債の残存期間を横軸（X軸）に、複利での利回りを縦軸（Y軸）にとって、異なる残存価格の債券の利回りをプロットしていき、線で結ぶとカーブが描かれます。これを**イールドカーブ＝利回り曲線**と呼びます。

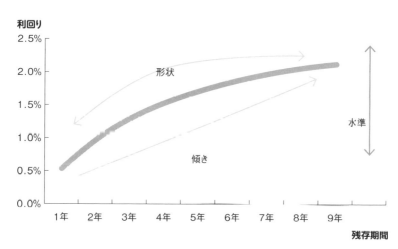

イールドカーブは、債券の残存期間に応じた利回りがわかるだけでなく、形状や傾きを見ることで、現在の金利環境を把握できます。

　中央銀行が操作できる短期金利に対して、中期・長期金利は中央銀行で操作しにくいため、市場参加者の見通しを反映します。これもイールドカーブを通して知ることができます。

イールドカーブの形状は順イールドと逆イールドの大きく2種類

　通常、長期金利は短期金利より高くなります。そのため、**残存期間が長い債券の利回りは、残存期間が短い債券よりも高くなる**、右肩上がりのカーブを描くのが一般的です。これを**順イールド**と呼びます。

　しかし、中央銀行による短期金利引き上げなどがあると、短期金利が上がります。同時に、その後の景気後退による資金需要の低下を予想して長期金利が下落すると、短期債の利回りが長期債の利回りより高くなる**逆イールド**になることがあります。

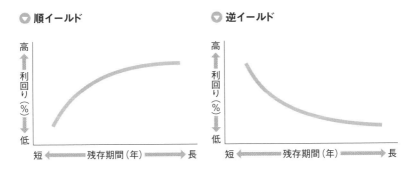

短期金利の引き上げに長期金利が反応しないと、イールドカーブが水平の**フラット**と呼ばれる状態になることもあります。

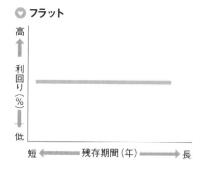

債券の先行き金利の予想はイールドカーブで判断する

イールドカーブの変化で、その後の金利を予想できます。

・イールドカーブ全体が上や下へシフト

　上へシフト＝債券相場全体の**金利上昇**を予想

　下へシフト＝債券相場全体の**金利低下**を予想

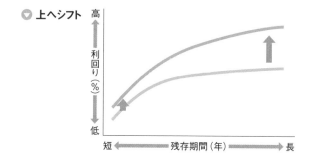

・特定の年限を中心にイールドカーブにこぶができる

　上に凸＝残存期間の短い債券の利回りが上昇し、長い債券の利回りが低下（短期債から長期債に資金が流れる）

　下に凸＝残存期間の長い債券の利回りが上昇し、短い債券利回りが低下（長期債から短期債に資金が流れる）

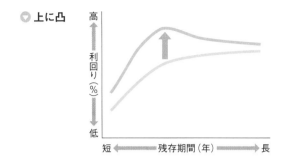

上に凸

利回り（%）　高〜低

短 ← 残存期間（年） → 長

・短期金利は変わらずにイールドカーブが立つ・寝る

立つ＝中・長期債に対する需要の低下を予想

（金利が上昇し、利回りが上昇）

寝る＝中・長期債に対する需要の増加を予想

（金利が低下し、利回りが低下）

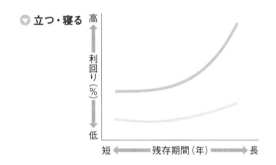

立つ・寝る

利回り（%）　高〜低

短 ← 残存期間（年） → 長

　プロの投資家は現在のイールドカーブの形状を確認して、今後どのように形状が変化するかを予想し、その要因分析を行い、短期債や長期債を組み合わせながら債券の取引を行っています。

　イールドカーブによる足元の債券市場の状態確認、そして今後の形状予想は、債券取引の際に必要不可欠なプロセスとして知られており、**債券取引を行う際の羅針盤的な存在**となっています。

35 デュレーションって なんですか?

金利の変化による債券の価格変動リスクを
判断するための指標です。

債券の平均回収期間を 表してくれる

債券投資を行う機関投資家がイールドカーブと同様に最重要
視する指標が**デュレーション**(duration)です。複利での債券の「利
子+元本」が平均何年で回収できるかを示す指標で、**債券の平均
回収期間**を表します。

デュレーションには以下のような特徴があります。

- 利子が高いほど短くなり、利子が低いほど長くなる
- 利回りが高いほど短くなり、利回りが低いほど長くなる
- 残存期間が短いほど短くなり、残存期間が長いほど長くなる

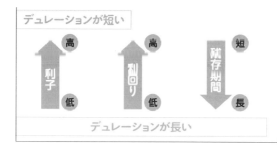

残存期間5年の割引債があるとします。割引債は償還まで利払いはありません。**償還時に利子＋元本が回収できるので、この場合デュレーションは5年**になります。

　残存期間5年の利付債は、定期的な利子を受け取れることから、投資した資金のうち一部は早めに回収できます。そのため、**デュレーションは5年よりも少し短く**なります。

🔻**5年利付債のデュレーションは5年未満になる**

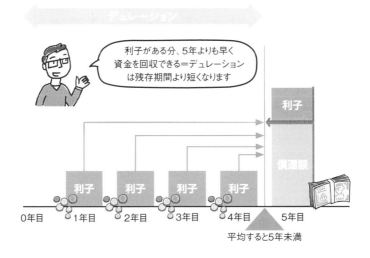

利子がある分、5年よりも早く資金を回収できる＝デュレーションは残存期間より短くなります

0年目　1年目　2年目　3年目　4年目　5年目
平均すると5年未満

利回りの変化に対して債券価格がどれくらい動くかがわかる

　デュレーションは、**債券利回りの変化に対して、債券価格の振れ幅がどう変化する**かということも示してくれます。つまり、債券価格のボラティリティの目安になります。

　デュレーションが長い債券は、利回りが変化したときの価格変動率が大きくなります。一方でデュレーションが短い債券は、利回りが変化したときの価格変動率が小さくなります。

「デュレーション」と「債券利回りの変化」と「債券価格の変動率」
との3者の関係を簡単な公式に表すと次のようになります。

債券価格の変動率≒債券利回りの変化×デュレーション*

　デュレーションが1年から2年に長くなると、債券利回りの変化
が債券価格の変動率に与える影響が2倍になります。つまり、
デュレーションが長い債券は利回りが少し変化しただけでも債
券価格に大きな影響を与え、デュレーションが短い債券は利回
りが変化しても債券価格への影響は小さくなります。

🔻 **デュレーションと債券価格の変動率は相関する**

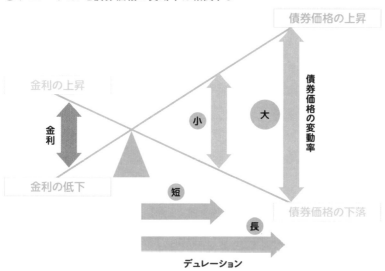

　さまざまな期間および利回りの債券が発売されていますが、
デュレーションを利用することで、同じ指標にもとづいてリスク
の把握ができます。

＊実際には複雑な計算式となるため"＝"ではなく"≒"としています。

債券型の投資信託に投資するなら
修正デュレーションをチェック

　利回り変化に対する債券価格の変化を、より直接的に表す指標が**修正デュレーション**です。修正デュレーション＝デュレーション／（1＋最終利回り）で、単位は年です。

　たとえば、修正デュレーション3年の債券があるとします。債券の利回りが1％上昇した場合、債券価格は「利回り変化×修正デュレーション」で3％下落します。もし5年なら、5％下落することを意味しています。つまり、**修正デュレーションが大きい債券ほど、利回りの変化に対する価格変動が大きくなる**のです。

◉ **債券価格の変動率≒利回り変化×修正デュレーション**

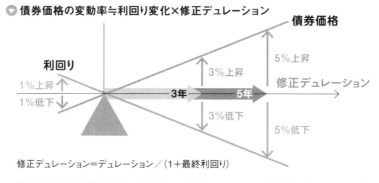

修正デュレーション＝デュレーション／（1＋最終利回り）

▶ 利回り変化に対する債券価格の変動率は、修正デュレーションの年数に比例して大きくなります。

　個人が投資できる**債券型投資信託の月報では、修正デュレーションが記載されている**ので、異なる商品と比較する際の投資判断の1つとして使えます。

　実際のところ個人投資家にはデュレーションの活用機会はあまりないといえるでしょう。ファンドマネージャーや機関投資家に活用されていますが、単体の債券というより保有する債券全体のポートフォリオ管理のためです。

36 信用不安で暴落したら 売り?買い?

 投資家それぞれの投資スタンスによって異なります。

個人の投資姿勢により、 リスクを取るか否かで変わる

2008年のリーマン・ショックや2020年のコロナショックなど、**金融市場では信用不安が一定の頻度で発生しています**。そのため、投資は信用不安の発生を前提に行う必要があります。信用不安の発生時にどのような投資行動を取るかは、各投資家の投資スタンスによって異なります。

それぞれの投資スタンスによって、債券投資における行動を考えてみましょう。

・リスク許容度の高い人

保有している債券の発行体が破綻しないと考えるなら、保有し続ける。また、この機会に安い債券を追加で買う。

・リスク許容度の低い人

自分で一定の損失に対する基準を決めて、それ以上に悪化したら債券を売る。

市場や投資家のマインドによっても左右される

　信用不安の発生時は、**市場や投資家のマインド**などの環境も相場を左右します。長く資産価格の下落が続いたリーマン・ショック時は、積極的にリスクを取る投資家でも、短期的には報われる可能性は低かったといえるでしょう。

　直近の事例では、2020年2月末から3月にかけて発生したコロナショックで、株式相場の急落はもちろん、債券市場では社債価格が急落しました。投資家は企業の業績悪化により社債のデフォルトリスクが高まることを懸念して売りに走ったのです。

　しかし、各国政府および中央銀行の政策対応により、コロナショックによる信用不安は一時的なものとなりました。**今から振り返れば、社債は売るべきではなかった**という結論になります。

　長期的に見ると相場はいつも回復してきたので、慌てずに判断しましょう。とくに個人が投資しやすい社債は、発行企業が破綻しない限りは償還されるので、**破綻リスクが小さいと判断する場合は、保有しておく**ほうが賢明といえます。

　信用不安時には、自らの投資姿勢に加えて、市場環境や投資家のマインドなどの**周辺環境の把握**も、最終的な投資判断を行ううえで重要となります。

Column 4

コロナショックが
債券市場に与えた影響

　2020年2月〜3月にかけて発生したコロナショックは、株式市場や債券市場などの金融市場に大きな影響を与えました。

　各国の中央銀行が一斉に金融緩和を行った結果、債券市場では長期金利は大幅に低下。世界の長期金利の指標となるアメリカの長期金利（米10年債金利）は、2020年初の1.9％台から、3月には一時0.3％台まで下落したのです。

　その後、2020年後半にかけてアメリカや日本などの株式市場はコロナショック前の水準を上回る上昇を見せました。その一方、債券市場では長期金利の上昇は見られるものの、ほとんどの国では以前の水準までは回復していません。

　2021年に入っても依然としてコロナウイルス感染症の問題は収まらず、多くの国ではコロナショック前の生産額を下回る状況が続いています。

　長期金利上昇による企業の資金調達コストの上昇は、企業の経済活動に大きな影響を与えます。そのため、経済の本格的な回復が明らかになるまでは、各国で低金利政策は維持されると予想されます。ちなみに、アメリカのFRBは2023年末までゼロ金利政策を維持する見込みです。

　世界的に低金利が当たり前となった債券市場において、今後いつどのような形で金利が上昇するのか、各国中央銀行の舵取りが注目されています。

知っておきたい
債券市場のしくみ

第5章

債券投資を理解するには、主要な市場参加者である
機関投資家や各国中央銀行の役割、海外も含めた
市場環境を知っておく必要があります。
この章では、日本銀行やヘッジファンドなど債券に関わる人たちの
特徴を解説していきます。

37 債券市場に個人投資家はどれくらいいるの？

個人投資家の存在は小さく、多くはプロの世界です。

債券市場における個人投資家の割合

　個人が債券投資を考えるとしたら、前提として市場における存在感を知っておく必要があります。まず、国内の債券市場で最大の発行額である国債について、投資家ごとの保有割合を見てみましょう。

　日本銀行が約45%を保有していますが、これは近年の金融緩和政策で国債を積極的に買い入れている影響です。残りは、銀行・保険・年金・海外の投資家で国債は98%まで保有されています。

　グラフの「家計」が個人投資家にあたりますが、**比率は1.1%**です。日銀を除けば、あとは機関投資家（P.170

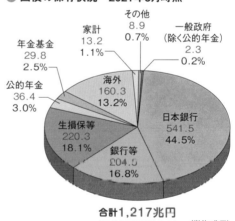

▶ **国債の保有状況　2021年3月時点**[1]

- 家計 13.2 1.1%
- その他 8.9 0.7%
- 一般政府（除く公的年金）2.3 0.2%
- 年金基金 29.8 2.5%
- 公的年金 36.4 3.0%
- 海外 160.3 13.2%
- 生損保等 220.3 18.1%
- 日本銀行 541.5 44.5%
- 銀行等 204.5 16.8%

合計1,217兆円
（国庫短期証券含む）　（単位：兆円）

*1：日本銀行「資金循環統計」をもとに作成。

参照）ばかりです。債券市場においては、**個人投資家の存在はとても小さく、いわば金融のプロの世界**とわかります。

比較として、株式の保有割合を見てみましょう。海外を含めた法人や機関投資家で8割以上ですが、「個人・その他」が16.5％で、個人投資家も一定の存在感があります。

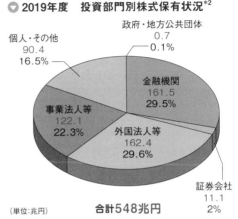

▽ **2019年度　投資部門別株式保有状況**[2]

政府・地方公共団体
0.7
0.1％

個人・その他
90.4
16.5％

金融機関
161.5
29.5％

事業法人等
122.1
22.3％

外国法人等
162.4
29.6％

証券会社
11.1
2％

（単位:兆円）　**合計548兆円**

🔵 債券の市場規模は株式市場よりも大きい

続いて債券市場の規模を見てみましょう。ある1カ月の公社債の売買高は約1,939兆円です（日本証券業協会発表2020年12月）[3]。そのうち約1,934兆円が国債で、**国内の債券の売買は国債がほとんど**なのです。国債の内訳は、超長期債：約668兆円、利付長期債：約609兆円、利付中期債：約259兆円、国庫短期証券等：約396兆円で、**長期債が3分の2**を占めています。

ちなみに、株式市場の2020年12月の1カ月の売買金額は、東証1部：57兆円、東証2部：1.4兆円、Mothers：4.3兆円、JASDAQ（スタンダード・グロース合算）：1.4兆円で、合計65兆円です。売買高で**債券市場は株式市場の30倍以上の規模**があるのです。

---

*2：東京・名古屋・福岡・札幌証券取引所「2019年度株式分布状況調査の調査結果について」をもとに作成。
*3：うち個人投資家の債券売買高は343億円でした。

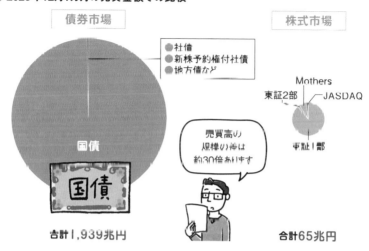

▼ 2020年12月1カ月の売買金額での比較[1]

債券市場

株式市場

- 社債
- 新株予約権付社債
- 地方債など

国債

国債

合計1,939兆円

売買高の
規模の差は
約30倍あります

Mothers

東証2部 — JASDAQ

東証1部

合計65兆円

国庫短期証券は海外投資家の保有率が高い

　国債の保有者のうち13.3%が海外ですが（P.166グラフ参照）、国庫短期証券だけで見ると46.1%が海外です。海外投資家にとって、為替リスクを踏まえると金利が低い長期国債は魅力がありません。そのため、償還までの期間が短い国庫短期証券で投資をしています。この際、**ドル円ベーシス・スワップ・スプレッド**[2]というスワップ取引の一種を行うことで、日米の金利差を狙っている海外投資家も多いようです。

　2020年以降は新型コロナウイルス感染症対応のために多額の国債が増発されました。また、高齢化社会の進展によりさらに医療・福祉関連予算の増大が見込まれています。

[1]:日本証券業協会「公社債店頭売買高」、日本取引所グループ「参考資料（現物市場2020年12月）」より作成。
[2]:異なる通貨の元本を、一定の為替レートのもとで一定期間交換し、そのあいだ、それぞれの通貨に生じる変動金利を交換する取引。

現在は国内投資家を中心に新発国債はすべて買われています
が、将来的には国内での消化が難しくなる懸念があります。海外
からの中長期国債への投資を呼び込むには、魅力的な利回りにな
るよう、金利を上げる必要があります。

　コロナ禍での景気低迷を打破するために、引き続き金融緩和策
としての超低金利が続いていますが、海外マネーを呼び込むには、
金利上昇がカギとなります。個人投資家にとってもその動きは気
になるところです。

　近年は、より多くの個人投資家に国債を購入してもらうために、
財務省はさまざまな施策を行っています。その結果、低下が続い
ていた家計（個人投資家）の国債保有割合も下げ止まり、近年は横
ばいで推移しています。自ら資産形成をする必要性が叫ばれる昨
今、個人投資家が債券を購入する機会も増えるかもしれません。

現状

ほとんどの債券が
国内で売買されている

2020年度
985兆円

海外投資を
呼び込むには

2010年度
368兆円

金利を上げて
くれないと
魅力がないなぁ

普通国債の発行残高

38 機関投資家って いったい誰のこと?

 多額の資金を持つ年金基金、保険会社、ファンドなどのことです。

投資による資産運用を 事業として行っている機関

　債券市場の主役は機関投資家です。多額の資金を持つ投資家のイメージですが、ニュースでよく耳にする彼らはいったい誰なのでしょうか？

　そもそも「機関」というように、個人ではなく**組織として投資を行っている事業団体**です。具体的には、以下のような組織や企業のことを総称しています。

- ●年金基金
- ●信託銀行
- ●ファンド（投資信託）運営会社
- ●銀行
- ●保険会社（生命保険・損害保険）
- ●証券会社

　このうち年金基金、信託銀行、ファンド運営会社は**他人から預かった資金の運用先として債券へ投資**を行っています。最終的

に、年金基金は年金の受給者へ、信託銀行やファンド運営会社は
それぞれの投資家に、債券投資で上げた利益が分配されます。ファ
ンド運営会社には、長期間の運用を行う会社もあれば、ヘッジファ
ンドのように短期の売買益を狙う会社もあります。ただし、ヘッ
ジファンドは機関投資家とは呼びません。

　銀行や保険会社は**自己資金の運用を目的**としておもに債券へ
の投資を行っています。証券会社は投資家の債券売買を仲介する
だけでなく、自己資金を運用する目的でも債券投資を行います。

　このように、ひとことで機関投資家といっても債券の保有目的
や保有期間などは違いがあります。

🔻 **機関投資家の債券保有目的と運用方針**

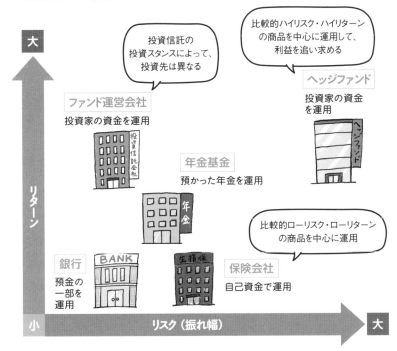

機関投資家が債券を購入する理由

事業において、収益の予測は非常に重要です。コストは毎年一定かかるのに、毎年の収益は予想できないという状態では運営は困難です。

機関投資家は、事業や資産を運用しています。定期的な利子が入り、償還日が決まっている債券は、さまざまな金融商品のなかでも確実な収益が予測できる商品です。

とくに多額の資金を持つ**銀行や保険会社、年金基金は、リスクを避け安定的な運用収益を得たいと思っています。**もしリスクの高い株式や外国社債に投資して元本割れしたら、保険者や年金受給者に支払うお金が減ってしまうことになります。長期的な視点で投資を行う彼らにとって、国債は最も安全で、流動性が高い資産です。だから国債へ多く投資しているのです。

● 機関投資家が債券を購入するメリット

① 手堅い利息収入

② 将来的な利益の把握が簡単

継続保有したことで得られる将来の利益が計算できる！

③ 高い流動性

現金が必要なので売ります

国債

国債なら安心だから買います！

債券売買における仲介役としての役割がメインとなる証券会社

　証券会社も機関投資家の1つですが、銀行や保険会社とは立ち位置はやや異なります。店頭取引（相対取引）される債券市場において、起債時は発行体と投資家、売買時は投資家同士をつなぎ、その仲介手数料を収益としています。

　そのため、自身も**一部の債券を購入して在庫に持っています**。売買注文があった際にはそれを拠出して、投資家間の売買を円滑にする役割を果たしています（P.112参照）。

　それだけでなく、**ディーリング業務**といって自己資金で債券を売買して収益を上げています。近年は株式売買委託手数料の収益が減少しているため、代わりの収益源としてディーリングに力を入れている証券会社も多くあります。

● 債券市場での証券会社の位置づけ

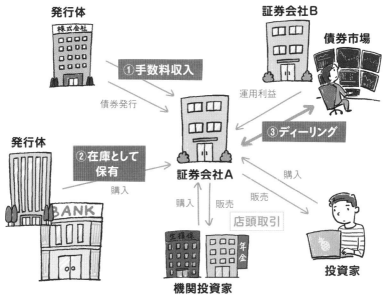

第5章　知っておきたい債券市場のしくみ

39 ヘッジファンドって何をしているの?

金融のプロで、見えない儲けを虎視眈々と狙っています。

どんな相場でも、積極的に利益を追求するヘッジファンド

ヘッジファンドとは、さまざまな金融商品の取引を通じて**高い利益を求めるファンド運営会社**を指します。ヘッジファンドという言葉が使われはじめたのは1950年頃のことで、アメリカで富裕層を対象に運用されていました。

本来ヘッジ(hedge)は資産を減らさない「予防策」という意味ですが、それが**どのような市場環境であっても(たとえ下落相場でも)収益を上げる**という意味でも使われるようになったのです。

ファンド(fund)は「基金」であり、広く投資信託はファンドと呼ばれますが、その多くはベンチマークと呼ばれる市場指標を上回るのが目標です。ヘッジファンドは**独自の戦略でもっと高いリターンを狙います**。

ヘッジファンドは、プロの投資家ですが金融商品取引業者の登録は必要ありません。金融庁の監視が比較的ゆるく、自由な運用が可能です。一般的な投資信託が、現物の株式や債券などを中心に運用するのに対し、ヘッジファンドは**先物、オプション、スワップなどのデリバティブにも投資**します。

国内の公社債の売買高（2020年12月1,939兆円）における、ヘッジファンドが含まれる「その他金融機関」の売買高は23兆円で、信託銀行（22兆円）と同じくらいです。全世界では、現在ヘッジファンドは約200兆円の運用資産を集めるまでになっています。

● ヘッジファンドと投資信託の違い

ヘッジファンドのなかでも
トップクラスだったLTCMの破綻

　ヘッジファンドは高い利益を得るために高いリスクをとるため、失敗すると破綻する危険もあります。

1994年から運用が開始されたLTCM（ロングターム・キャピタル・マネジメント）は、ノーベル賞経済学者らを集め、最先端の金融工学を用いて年利40％といった驚異的なパフォーマンスを上げ、一時は金融業界を席巻しました。その手法は、**債券の価格差を利用し、自動売買で売りと買いを組み合わせて差益を稼ぐもの**でした。

しかし、大きなレバレッジをかけていたため、アジア通貨危機・ロシア財政危機を通じて保有資産以上の損失が発生して1999年に破綻します。LTCMと世界中の金融機関との取引は総額1.25兆ドルにのぼりました。世界的な信用不安を避けるため、米国大手金融機関が共同で緊急融資したのちLTCMは清算されましたが、投資していた多くの投資家は大きな損害を被りました。

🔻**LTCMの投資パフォーマンス***

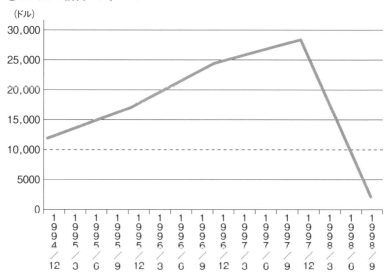

▶ LTCMに当初1万ドル投資した場合のパフォーマンス推移。

---

*https://zai.diamond.jp/articles/-/300424?page=2をもとに作成。

ヘッジファンドに投資する投資信託もある

ほとんどのヘッジファンドは**私募形式で投資家を限定**して運営されているため、秘密のヴェールに覆われたイメージが今もあります。**多額の投資資金や手数料が必要**で、個人投資家には投資しにくい対象です。

解約に時間がかかるのも短所で、基本的に45日前までに申し出る必要があります。一般的な投資信託（4営業日程度）に比べると、流動性リスクは高くなります。

現在は、ヘッジファンドを投資対象とした投資信託が販売されています。**ファンド・オブ・ヘッジファンド**と呼ばれ、投資母体となるマザーファンドを設立して資金を集め、各ヘッジファンドに対し投資が行われます。個人投資家も間接的にヘッジファンドに投資できます。

🔽 **ファンド・オブ・ヘッジファンド**

40 日本銀行は国債と どう関わっているの?

経済を安定させるため、
国債の売買や金利の操作をしています。

日本の金融の中心にいる日本銀行

世界各国には経済を安定させるために、中央銀行が存在しています。日本では**日本銀行（日銀）が中央銀行**としての役割を担っています。日本銀行法により規定された、日本銀行の役割は3つあります。

①紙幣の発行

日本銀行は国内の紙幣を発行する唯一の機関です。手元にある紙幣を見てください。「日本銀行券」と印刷してあります*。政府から独立した**発券の銀行**として法律で定め、政府が好き勝手に紙幣を増発することを防いでいます。

②銀行の銀行

民間銀行の健全な経営を管理し、**民間銀行のお金を預かったり、民間銀行にお金を貸し出し**たりします。民間銀行は預金の一定率（預金準備率）を日銀に預ける決まりがあり、そのために国内のほぼすべての銀行が使う、「日本銀行金融ネットワークシステム」（日

*紙幣を印刷しているのは「国立印刷局」です。

銀ネット）という金融機関同士の取引決済システムを提供しています。

③政府の銀行

　国債の発行・外国為替介入業務・税金や社会保険料の受け入れなど、**政府の金融および決済サービスを提供**しています。たとえば、私たちが交通違反で収める反則金、あるいは住民税などは、金融機関の窓口やコンビニで支払うと、日本銀行へ預け入れされます。

　日本銀行が管理している政府のお金を**国庫金**といい、国税や社会保険料として受け入れる国庫金は「歳入金」、年金の支払いなどで出て行く国庫金は「歳出金」と呼びます。

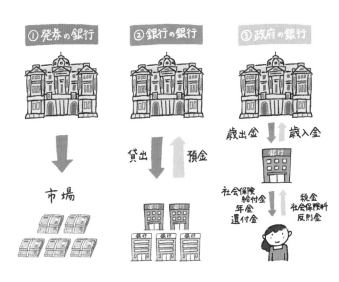

市場に流通する国債をコントロールしている

　国債は日本政府が発行していますが、日銀は国債の直接引き受けはできません。発券の銀行である中央銀行が国債の引き受けも

できると、政府が際限なく借金できてしまうからです。投資家が引き受けた**国債を債券市場で購入することは可能**です。

　日銀は債券市場で国債を売買することで、国債の流通量と金融市場への資金の供給量をコントロールしています。これは**公開市場操作**と呼ばれ、日銀の重要な金融調整手段です。日銀が国債を買い入れることを**資金供給オペレーション**（買いオペ）、国債を売却することを資金吸収オペレーション（売りオペ）といいます。

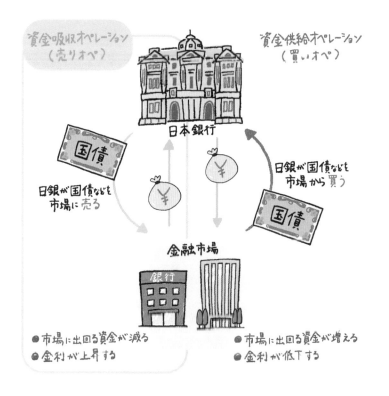

資金吸収オペレーション
（売りオペ）

資金供給オペレーション
（買いオペ）

日本銀行

国債

¥

¥

日銀が国債などを
市場に売る

日銀が国債などを
市場から買う

国債

金融市場

銀行

- 市場に出回る資金が減る
- 金利が上昇する

- 市場に出回る資金が増える
- 金利が低下する

● 各国の中央銀行の動きも要チェック

　世界的に見るとアメリカの**FRB（連邦準備理事会）**、ユーロ採用国の**ECB（欧州中央銀行）**、そして日本銀行の3つの中央銀行

の金融政策が、金融市場の行方を探るうえで非常に重要です。金利ひいては債券価格の動きを左右します。

　FRB、ECB、日銀はいずれも前述した中央銀行の3つの役割を担っています。FRBにはさらに雇用の最大化が役割にあります＊。FRBが年8回開催する**FOMC（連邦公開市場委員会）**で、アメリカの金融政策が決定されます。金融市場でかなり注目されるので、内容をチェックしてみましょう。

　ECBは、統一通貨ユーロで信用力の異なる各国が国債を発行している（ユーロ採用国には別途中央銀行がある）ため、**ユーロ採用各国の中央銀行との調整役**としての役割も担っています。

●金融政策の実行
●金融システムの運営など

それぞれの国の中央銀行との調整役を担っています

フィンランド銀行

エストニア銀行

アイルランド中央銀行

オランダ国立銀行

ECB（欧州中央銀行）

ベルギー国立銀行

スロヴァキア国立銀行

ルクセンブルク中央銀行

ドイツ・ブンデスバンク

フランス銀行

オーストリア国立銀行

ポルトガル銀行

スロヴェニア銀行

スペイン銀行

イタリア銀行

ギリシャ銀行

マルタ中央銀行　　キプロス中央銀行

▶ 欧州連合（EU）加盟国は現在27カ国で、通貨ユーロを採用している国は19カ国です。

＊FRBは連邦準備制度（FRS）の中心機関で「理事会」です。紙幣の発行などはアメリカ各地に置かれた12の連邦準備銀行が行っています。

41 日本の国債は絶対に大丈夫なの？

絶対とはいえませんが、世界でも安全な資産の1つです。

世界的に見ると国債がデフォルトしないとは限らない

国の借金である日本国債は発行残高が1千兆円以上で、国民1人あたりにすると約800万円にもなります。さらに毎年何十兆円も新しく国債を発行しています。いつか返せなくなって破綻しないの？と不安に思う人もいるでしょう。

世界的に見ると、経済が不安定な国の国債のデフォルトは珍しくなく、アルゼンチン国債は2014年から2020年末まで、なんと9度も投資家に対し支払いが滞る事態が発生しています。先進国でもデフォルトの危機はありました。近年で有名なのは**ギリシャ危機**です。

2009年ギリシャでは政権交代をきっかけに財政赤字の隠蔽が明らかになりました。これに対する政府の財政再建計画が楽観的すぎ、デフォルトへの不安からギリシャ国債の格付けが引き下げられ、価格は暴落します。

影響を受けてEUの通貨ユーロの価格も下落。信用不安が波及して、同じく財政赤字を抱えるポルトガル・イタリア　アイルランド・スペイン（ギリシャを含めPIIGSと呼ばれます）の国債価格も下が

り、数年にわたりEU全体に**ユーロ危機**と呼ばれる大きな混乱を
引き起こしました。

　結果として、ギリシャは緊縮財政策を受け入れ、IMF*・EU・
ECBの3者による融資でなんとか危機は脱しました。ギリシャが
救済されたのは、フランスやドイツが主な債権国だった背景もあ
りました。

🔽 **ギリシャでは国債がデフォルトの危機に**

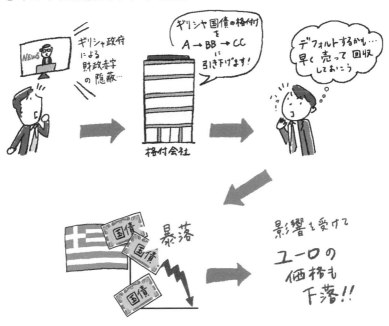

国債がデフォルトするのは買い手がいなくなるとき

　税収だけで国家運営ができれば、政府は国債を発行する必要は
ありません。それでは歳出を賄えない場合に、国債を発行します。

---

*IMF（国際通貨基金）は国際機関の1つ。加盟国に対し為替政策の監視、金融政策の助言、必
　要なら融資を行い、世界金融を安定させます。

毎年新しい国債を発行しても、買い手がいる限りは、過去の国債を返せないことはありません。**買い手がいなくなるとデフォルトの危機**になります。

国債の買い手としては、以下の3つが考えられます。

①国内投資家

国民に買ってもらうには、国内に投資に回る資本が必要です。それには持続的な経済成長が前提になります。

②海外投資家

海外投資家にとって、外国債への投資は金利の高さが魅力です。高金利＝ハイリスクのため、**デフォルトの懸念が生じると一気に資金を引き上げます**。海外投資家の保有比率が高い債券はそれだけリスクが高いといえます。

③中央銀行

前述のように中央銀行が購入できる国債は既発債に限られます。無制限な購入はインフレを招く危険があります。

①国内投資家	②海外投資家	③中央銀行
資産を安全な国債に換えて運用しておく	高金利でハイリターンを期待	市場の資金量を増やすために国債を買う
経済的な成長が鈍化すると国債を購入する資金がなくなる	低金利になると、投資対象としての魅力が薄れる	インフレぎみになると国債の購入を控える

ギリシャでは**国内の産業が停滞し、海外投資家の比率が高かった**ため、デフォルトの危機が訪れたのです。

日本の国債がデフォルトするリスクは相対的に低い

　日本国債は、ほとんどが国内投資家によって引き受けられています。金利は高くありませんが、安全な資産として**海外投資家からの信用も高い**のです。S&PではA＋、ムーディーズではA1に格付けされており、これは投資適格10段階の5番目です。AAAだった90年代からは徐々に下がっていますが、日本政府は不当に低いと主張しています。

　自国通貨の円で国債を発行できるのも日本の大きな強みです。通貨を自ら制御できることで、金融政策の自由度が高まるのです（ギリシャ国債はユーロ建てでした）。国は最終的に、自治体や企業には不可能な通貨の追加発行という手段で国債を償還できます。ただし、インフレを招く危険があるのはいった通りです。

　こういった理由から、日本国債がデフォルトするリスクは相対的に低いといわれているのです[*]。

デフォルトしたことが過去一度もない！

ほとんどが国内で引き受けされているため、他国の影響を受けにくい

最後の手段として、通貨の追加発行をすることで国債を償還できる

国債

自国通貨建てなので金融政策の自由度が高い

日本国債がデフォルトするリスクは相対的に低い！

[*]紙幣の発行で借りたお金を返すことはできますが、ハイパーインフレーションとなり、貨幣の購買力（商品やサービスを買うことのできる資力）が低下するという意味では別の問題が発生します。

42 ユーロ円債は欧州でしか買えないの?

国内でも購入できます。
海外で発行される円建て債券の総称です。

ユーロ円債は外債と国内債券のいいところを備える

海外で発行されるユーロ円債は、購入・利払い・償還ともすべて円のため、**為替リスクを考える必要がない外債**です。国内債券と同じ感覚で扱え、国内債券よりも一般的に高金利なことがメリットです。「ユーロ」という名前ですが、地域的な縛りはありません。ただ、実務上ほとんどはユーロ圏で発行されています。

海外の発行体がユーロ円債を発行するメリットは、**資金豊富な日本の投資家から低金利の円で資金を調達できる**ことです。多くは同時に通貨スワップ(P.81参照)を組んで、実際に必要な通貨と交換します。

国内の発行体にとっては、国内よりも**発行手続きが簡単で発行コストが安くなる**こと、**規制が緩いので自由な商品設計ができる**ことです。低コストの分、高金利に設定できるので、投資家にとっても魅力なのです。

ユーロ円債に限らず、国内で買える外債はたくさんあります。それには、海外の債券市場の事情を多少知っておく必要があるでしょう。

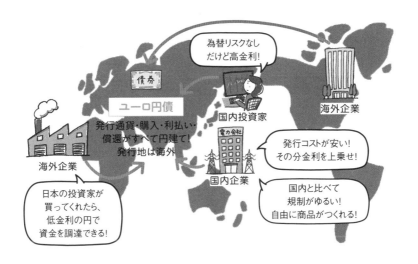

アメリカの債券市場の特徴

　基軸通貨である米ドルの発行国アメリカの債券市場は、規模も重要性も世界一です。**米国債を中心に、世界で最も流動性が高い国債市場**でもあります。アメリカの債券市場は、次のような特徴があります。

① 国債のみならず社債やモーゲージ債*など幅広く取引されており流動性も高い
② 米国内の投資家のみならず海外の投資家も幅広く取引に参加している（日本の機関投資家も主要プレーヤー）
③ 米国10年債は債券市場のベンチマークとして機能しており、金融関係者がその値動きに注目している

　アメリカではさまざまな企業が債券市場を通じて資金調達して

---

*mortgage＝担保、住宅ローンの意味で、住宅ローン債権を担保として発行される証券。不動産担保証券（MBS：Mortgage Backed Securities）といい、サブプライムローンでも登場しました。

います。高格付けで低金利の優良企業の債券から、低格付けで高金利の信用リスクの高い企業の債券まで、幅広い投資の選択肢があります。

━ 欧州の債券市場の特徴

　ユーロ圏全体では**日米に次ぐ国債の発行額**がありますが、そのなかではドイツ国債が最大の発行額を誇り、EUの国債のベンチマーク的存在です。EUを離脱したイギリスの債券市場も、ドイツに次ぐ規模があります。

　そのほか、欧州債券市場全体で見ると、国債と政府機関債が占める割合が非常に大きいことも特徴の1つです。全体で見ると、企業が発行体となる事業債市場の構成比率は低いものの、ユーロ導入以降急速な拡大を続けています。

　欧州の債券市場の最大の特徴は、**通貨ユーロを採用している国**

は、**すべてユーロ建てで債券を発行している**ことでしょう。そのためリスクを比べやすく、財政的に優秀とされるドイツ国債と信用リスクの高いギリシャ国債では、明確に利回りの差が表れます。一方で、ユーロ建ての国債は一蓮托生の側面ももっています。ギリシャ危機のときはドイツ国債も影響を受けて下がりました。

🔻 同じユーロ内でも国債の格付けはさまざま

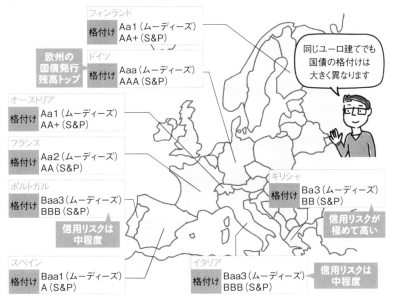

フィンランド
格付け　Aa1（ムーディーズ）
　　　　AA+（S&P）

欧州の国債発行残高トップ

ドイツ
格付け　Aaa（ムーディーズ）
　　　　AAA（S&P）

同じユーロ建てでも国債の格付けは大きく異なります

オーストリア
格付け　Aa1（ムーディーズ）
　　　　AA+（S&P）

フランス
格付け　Aa2（ムーディーズ）
　　　　AA（S&P）

ポルトガル
格付け　Baa3（ムーディーズ）
　　　　BBB（S&P）

信用リスクは中程度

ギリシャ
格付け　Ba3（ムーディーズ）
　　　　BB（S&P）

信用リスクが極めて高い

スペイン
格付け　Baa1（ムーディーズ）
　　　　A（S&P）

イタリア
格付け　Baa3（ムーディーズ）
　　　　BBB（S&P）

信用リスクは中程度

▶ 2021年7月時点の格付け。

🔹 債券投資の方法は直接投資だけに限らない

　極端に国債中心の日本の債券市場はとても特殊です。視野を広げると、債券投資にはさらに可能性があります。外債を直接購入しなくても、外債を組み込んだ投資信託は多くあります。海外の債券市場のことを知り、商品のリスクを理解すれば、投資判断をする際にきっと役立つでしょう。

押さえておきたい
債券の専門用語

CDO (Collatoralizod Dobt Obligation)

日本語では「債務担保証券」という。金融機関の企業向け貸付債権やローン、公社債などの資産を複数集めて、これを事づけとして発行される発行される証券のこと。または、そのようなしくみで発行されるローン担保証券や社債担保証券の総称（P.86参照）。

ECB (European Central Bank)

ユーロ圏の統一的な金融政策を担っている欧州の中央銀行。1998年6月1日に設立され、本部はドイツのフランクフルトにある。ユーロ圏の金融政策は各国の中央銀行に代わってECBの政策理事会が決定し、各国の中央銀行はその指図に従って金融調節を行っている。（P.180参照）。

FRB (The Federal Reserve Board)

アメリカの金融政策を担う、中央銀行制度の最高意思決定機関で「連邦準備理事会」とも呼ばれる。アメリカの金融政策を決定するFRBの会合であるFOMC（Federal Open Market Committee（米連邦公開市場委員会））は世界的に注目されており、世界中の経済に影響を与えている。（P.180参照）。

アンダーパー

債券価格（時価）が額面を下回る低い状態のこと。債券市場においては、「債券価格＜額面価格」の状態を示す。債券の発行時に額面より低い価格で発行されることは「アンダーパー発行」という（P.17参照）。

イールドカーブ

債券の利回り（金利）と残存期間との相関性を示したグラフ。横軸に残存期間、縦軸に利回りを用いて曲線で表される。債券の残存期間に応じた利回りを示すことから利回り曲線ともいい、債券投資で重要視される指標の1つ（P.154参照）。

売りオペ

「売りオペレーション」の略で、日本銀行が行う公開市場操作の1つ。資金供給オペレーションとも呼ばれる。金融市場において、日本銀行が債券や手形などの有価証券を売却することで、市場に出回る資金が減り、金利を上げる効果がある（P.180参照）。

オーバーパー

債券価格（時価）が額面を上回る状態のこと。債券市場において「債券価格＞額面価格」の状態を示す。債券の発行時に額面価格より高い価格で発行されることは「オーバーパー発行」という（P.17参照）。

買いオペ

「買いオペレーション」の略で、日本銀

行が行う公開市場操作の1つ。資金吸収オペレーションとも呼ばれる。金融市場において、日本銀行が債券や手形を金融機関から買い取ることで市場に出回る資金を増やし、金利を下げる効果がある。近年は、買いオペが増加傾向にある（P.180参照）。

外債

「外国債券」の略。発行体、通貨、発行地域のいずれかが外国の債券のこと。そのため、購入・利払い・償還が円とは異なる通貨になる場合がある。サムライ債やショーグン債、ユーロ円債などが代表的な商品（P.64・P.186参照）。

価格変動リスク

債券を満期（償還日）よりまえに、途中換金する際に発生するリスクのこと。市場で取引される価格（時価）での売却になるため、購入価格を上回ることもあれば、下回ることもある（P.34参照）。

為替リスク

外債の取引時に考慮しておくべきリスクの1つ。為替レートが変動することで、債券自体の価格は変わらなくても損失や利益が発生する場合がある。為替レートが変動する要因はさまざまだが、戦争やテロ、金融政策の変更などは為替レートが大きく動く理由の1つである（P.65参照）。

間接金融

預金者などからお金を預かり、それをあいだに入る第三者（銀行など）が必要な人や企業に貸し出す取引のこと。銀行融資が代表的な例。貸付先の信用リスクは銀行が負うが、直接金融に比べて利子などのリターンが少なくなる（P.61参照）。

カントリーリスク

債券の発行体が所在する国やその地域の政治、経済環境によって債券価格の変動が発生するリスクのこと。外債で考慮すべきリスクの1つ（P.67参照）。

機関投資家

「銀行」や「証券会社」「年金基金」といった法人の大口投資家のこと。債券取引の中心である。運用資産の規模が大きく、1回あたりの取引金額も大きいのが特徴で、比較的長期の運用を行っている。一般的に、ヘッジファンドなどの投機的かつ短期的な法人投資家は含まれない（P.170参照）。

既発債

すでに発行されている債券のこと。流通市場（セカンダリーマーケット）で市場価格に基づいて取引される（P.93参照）。投資家は証券会社を通じて購入する。

金融商品取引法

投資家保護と透明で公正な市場作りを目的とした法律。株式や債券から複雑なデリバティブまで、金融商品について包括的に対象とし、金融商品取扱業者に対して規制やルールを課している（P.36参照）。

金利変動リスク

金利の変動によって、債券価格が変動するリスクのこと。債券投資において考慮すべきリスクの1つ。金利と債券価格は、「金利が上がれば、債券価格は

下落する」「金利が下がれば、債券価格は上昇する」という関係性がある。償還まで保有する場合は関係ないが、金利上昇時（債券価格は下落）に途中売却することで損失が生じる可能性がある。

公共債

国、地方自治体、政府関係機関などが発行する債券の総称。国や地方自治体が発行体となるため信用度が高く、流通量も多い（P.50参照）。

公社債投資信託

投資信託を投資対象によって分類したとき、約款上、投資対象に株式を一切組み入れず、公社債のみで運用する投資信託の一種。

公募債

不特定多数の投資家を対象に発行される債券のこと。債券の分類方法の1つで、50名以上の一般投資家に対して、新たに発行される有価証券の募集を行うもの（P.54参照）。

国債

「国庫債券」の略。国が発行する債券の総称で、おもに国の経費を賄うために発行されている。個人投資家を対象として販売しているものと機関投資家のみの取り扱いのものがある（P.20参照）。

国債先物

大阪取引所で取引される国債を対象とした先物取引のこと。投機的な取引だけでなく、リスクヘッジ目的で利用されている。実際に発行されている現物の日本国債ではなく、利率や償還期限などを設定した「標準物」が対象となる（P.124参照）。

国庫短期証券

日本政府が2009年2月から発行を開始した、発行時に割引いた金額で発行される償還期限が1年以内の割引債のこと。従来の政府短期証券と割引短期国債を統合したもので、現在は4種類が機関投資家向けに発行されている（P.68参照）。

債権

ある者（債権者）がほかの者（債務者）に対して、一定の行為（金銭の給付など）を請求することができる権利のこと。債権を持つ人のことは債権者、債権の責務を負う人が債務者と呼ばれる。

仕組債

デリバティブなどを利用した、特別なしくみを持つ債券のこと。仕組債の区分として、利用するデリバティブによって、大きく「エクイティ系仕組債」、「金利為替系仕組債」、「その他仕組債」に区分される。株価、為替といった参照指標の変動によって、受け取る利子や償還金が減少し、投資元本を下回るリスクがある（P.82参照）。

私募債

少数かつ特定の投資家を対象に発行される債券のこと。公募債と比べて、機動的な発行が可能で、規制も緩やかなものになっている（P.54参照）。

社債

一般の会社が市場から資金を調達するために発行する債券のこと。「事業債」とも呼ばれる。担保の有無や投資家に対する債務の弁済順位が低い劣後債などさまざまな種類がある。債券の種類や信用格付け、償還年限によって金利に差が出る。

新発債

新たに発行される債券のこと。「新発債券」とも呼ばれる。価格や利率といった発行条件があらかじめ確定しており、発行市場（プライマリーマーケット）で取り扱いされている（P.93参照）。

信用格付け

債券などの元利払いの確実性をアルファベットや数字など簡単な記号で表したもの。債券の発行体は、格付会社に依頼して格付けを取得する。債券のリスクを投資家が判断する際に用いられる指標の１つ（P.28参照）。

信用リスク

債務者（債券の場合は発行体）の財務状態の悪化などにより、利払いや償還が不能になるリスクのこと。この状態を「デフォルト」ということから、デフォルトリスクとも呼ばれる（P.25参照）。

スプレッド

2つの異なる債券の利回り差を意味する。分析対象とする債券（社債など）の利回りから、基準となる国債利回りを差し引くことが多い。スプレッドは債券の信用力が反映されるため、対象の債券の信用力が高くなるとスプレッドの差は縮小（タイトニング）し、信用力が低くなると差は拡大（ワイドニング）する（P.115参照）。

単利

投資元本に対してのみ利子がつく計算方法のこと（P.70参照）。

長期金利

金融機関が1年以上の資金の貸借をする際に適用する金利のこと。物価の変動、短期金利の推移（金融政策）などの長期的な予想で変動する。一般的には、景気が悪くなれば低くなり、景気がよくなれば高くなる。10年物国債の利回りが長期金利の代表的な指標である。

直接金融

お金を借りたい人に対して、お金を貸す側が直接的に出資する取引のこと。企業が発行する株式や債券を、投資家が市場で購入する手法が代表的。投資家が自分でお金を貸す先を選べるものの、投資先の信用リスクは投資家が負うことになる（P.60参照）。

デリバティブ

株式、債券、為替などの原資産から派生して誕生した金融商品のこと。リスクヘッジを目的として開発されたが、現在は投機目的でも取引される。先物取引、オプション取引、スワップ取引が代表的。「金融派生商品」とも呼ばれる（P.76参照）。

デュレーション

2つの意味があるが、1つは債券投資における元本の平均回収期間のこと。一般的に、利子が同じであれば、残存期間の長い債券ほどデュレーションは長く、利子や利回りが低い債券ほどデュレーションが長くなる。また、金利変動による債券価格の変動幅を示す指標としても使われる。一般的に、デュレーションが長いほど、金利変動に対する債券価格の変動率が大きくなる（P.158参照）。

転換社債型新株予約権付社債

事前に決められた条件に基づき、株式に転換できる権利のついた社債のこと。株価が転換価格（行使価格）を上回れば、株式に転換して売却することで値上がり益が得られる。転換できなくても債券として利子が得られ、償還日には額面金額で償還されるため、株式ほどの値下がりリスクがないとされる（P.72参照）。

店頭取引

証券取引所を通さずに、証券会社と投資家が直接売買する取引のこと。債券は発行体が同じ場合でも、利率や償還年限などの条件によって異なる銘柄として取り扱われるため、種類が多く取引所では売買が成立しにくい。そのため日本の債券売買のほとんどは店頭取引で行われる。「OTC取引」「相対取引」ともいう（P.61参照）。

投資適格債

格付会社が評価した格付け基準において、信用力が高いと判断された債券のこと。格付会社によって異なるが、一般的にはBBB格以上の格付けが付与された債券を指す（P.29参照）。

投資不適格債

格付会社が評価した格付け基準において、信用力が低いと判断された債券のこと。一般的には、BB格以下の格付けを指す。「ジャンク債」「ハイイールド債」などさまざまな呼び名がある。信用リスクが高いことから、投資適格債と比べて金利が高い（P.29参照）。

日本銀行

物価と金融システムの安定を目的として金融政策を行う、日本の中央銀行。現在、日本国債の半分近くは日本銀行が保有している（P.178参照）。

表面利率

債券において、毎年支払われる利子の割合のこと。「クーポンレート」とも呼ばれる。額面金額に対して年率何パーセントと表示される。格付けや償還までの年数、金利情勢などを反映して決められる（P.16参照）。

複利

運用中に得られる利子を投資元本に組み入れて、元本を増やしながら利子を計算する方法。複利計算に基づいて債券の価値が算出され、債券取引が行われる（P.140参照）。

ヘッジファンド

デリバティブなどのさまざまな取引手法を駆使して相場の上げ下げにかかわらず利益を追求することを目的としたファンドのこと。金融庁に監督されず比較的自由な運用が可能。私募投信と

いって限られた人のみが出資して運用するものが多い（P.174参照）。

弁済順位

企業などが倒産した場合に、残った財産を債権者に返していくときの優先順位のこと。債券は株式よりも弁済順位が高いが、債券のなかでも、弁済順位に優劣がある（P.127参照）。

民間債

民間の企業が発行する債券の総称。株式会社が市場から直接資金を調達するために発行する「社債」や、金融機関がそれぞれの根拠法に基づいて発行する「金融債」など、さまざまな種類がある。なお、公共債と民間債を総称して「公社債」という（P.23・P.52参照）。

ユーロ円債

海外で発行される円建て債券の総称。一般的に日本以外の海外市場のことを「ユーロ市場」と呼ぶため、そこで円建てで発行される債券という意味であり、決してユーロ圏のみで発行されている債券ではない。外債の一種（P.186参照）。

リスク

金融世界におけるリスクとは、「リターン（収益）の不確実性の度合い（振れ幅）のこと」を意味する（P.24参照）。

利付債

あらかじめ決められた一定の期日ごとに利子が支払われる債券のこと。利付債には、利率が変わらない「固定利付債」と、利率が金利水準に合わせて変わる「変動利付債」の2種類がある。日本で発行されている債券は、ほとんどが利付債（P.53参照）。

利回り

債券への投資元本に対する、1年あたりの収益の割合を指す。1年あたりの利子収入と、償還するときの額面金額（または売却価格）と購入価格の差額で構成される（1年あたりに換算）。債券を額面金額より低い価格で買ったほうが利回りは高くなり、額面金額より高い価格で買ったほうが利回りは低くなる（P.18参照）。

流動性リスク

市場で売却や購入をしたいと思ったときに、取引ができないリスクのこと。債券の場合、国債以外は流動性が低いため、希望する取引そのものができないことや、投資家にとってかなり不利な価格での取引になることがある（P.33参照）。

割引債

額面金額より安い金額で発行されるが、保有期間中の利子がつかない債券のこと。償還時に額面金額で償還されるため、発行価格と購入金額との差額が利付債の利子に相当する。ゼロ・クーポン債とも呼ばれる（P.68参照）。

INDEX

監修者紹介

土屋 剛俊 つちや たけとし

土屋アセットマネジメント社長
1985年一橋大学経済学部卒。野村ロンドン、
野村香港、JPモルガンチェース銀行、野村証
券チーフクレジットアナリスト、野村キャピタルマネ
ジメント執行役員、バークレイズ・キャピタル
証券ディレクター、みずほ証券シニアエグゼクティ
ブなどを歴任。2021年より現職。CFA協会
認定アナリスト。著書に『入門 社債のすべて』(ダ
イヤモンド社)などがある。

装丁	井上新八
本文デザイン	原真一朗
本文・カバーイラスト	小倉靖弘
執筆協力	石井僚一
編集	有限会社ヴュー企画
	(山角優子)
DTP	有限会社エルジ
担当	和田規

図解即戦力
債券のしくみがこれ1冊でしっかりわかる教科書

2021年 9月8日 初版 第1刷発行
2022年12月28日 初版 第2刷発行

監修者 土屋剛俊 つちやたけとし
発行者 片岡 巌
発行所 株式会社技術評論社
　　　 東京都新宿区市谷左内町21-13
　　　 電話 03-3513-6150 販売促進部
　　　　　　 03-3513-6185 書籍編集部
印刷／製本 株式会社加藤文明社

©2022 ヴュー企画

定価はカバーに表示してあります。
本書の一部または全部を著作権法の定める範囲を超え、無
断で複写、複製、転載、テープ化、ファイルに落とすことを禁
じます。
造本には細心の注意を払っておりますが、万一、乱丁(ペー
ジの乱れ)や落丁(ページの抜け)がございましたら、小社販
売促進部までお送りください。送料小社負担にてお取り替え
いたします。

ISBN978-4-297-12243-0 C1033　Printed in Japan

お問い合わせについて

●ご質問は本書に記載されている内容に関す
るもののみに限定させていただきます。本書
の内容と関係のないご質問には一切お答え
できませんので、あらかじめご了承ください。

●電話でのご質問は一切受け付けておりませ
んので、FAXまたは書面にて下記問い合わせ
先までお送りください。また、ご質問の際には
書名と該当ページ、返信先を明記してくださ
いますようお願いいたします。

●お送りいただいたご質問には、できる限り
迅速にお答えできるよう努力いたしております
が、お答えするまでに時間がかかる場合がご
ざいます。また、回答の期日をご指定いただ
いた場合でも、ご希望にお応えできるとは限り
ませんので、あらかじめご了承ください。

●ご質問の際に記載された個人情報は、ご
質問への回答以外の目的には使用しません。
また、回答後は速やかに破棄いたします。

お問い合わせ先	〒162-0846　東京都新宿区市谷左内町21-13 株式会社技術評論社　書籍編集部 「図解即戦力　債券のしくみがこれ1冊でしっかりわかる教科書」係 FAX：03-3513-6181 技術評論社ホームページ https://book.gihyo.jp/116